AF524802

55 Gute-Laune-Spiele
für
Schlecht-Wetter-Tage

BILDNACHWEIS

Thinkstock.com
S. 34: shylonik | S. 50/69/73: dvoriankin |S. 48/49: Popmarleo |S. 51: Anna_Guz | S. 59: Maria Kuznetsova | S. 63: Cofeee | S. 68: Yuliya Derbisheva | S. 72: Askold Romanov

Fotolia.de
S. 10/11: Tapilipa

Cover und Layoutillustration: Freepik.de
Cover: Balasoiu | S. 15: Sketchepedia | S. 42/43/55: irikul

IMPRESSUM

ISBN: 978-3-96046-056-5

55 Gute-Laune-Spiele für Schlecht-Wetter-Tage

Klett Kita GmbH
Rotebühlstr. 77
70178 Stuttgart
www.klett-kita.de

Redaktion	Myriam Bork
Gestaltung und Satz	DOPPELPUNKT, Stuttgart
Druck	Grafik Mediaproduktionsmanagement, Köln

4. Auflage

Inhalt

55 Gute-Laune-Spiele

Seite

VORWORT 5

KAPITEL 1: MUNTERWERDEN 7

1 Begrüßungslied: Guten Morgen! 8
2 Kreisspiel: Tierkinder im Morgenkreis 9
3 Begrüßungsspiel: Hurra, ich bin da! 10
4 Spiellied im Stuhlkreis: Auf meinem Stuhl 11
5 Wach-werd-Gymnastik: Ich bin fit! 12
6 Fingerspiel: Der kleine Igel 13
7 Mitmachgedicht: Plopp, da fall'n Kastanien runter 14
8 Fingerspiel: Die Eule friert 15
9 Singspiel: Alle meine Freunde 16
10 Mitmachgedicht: Die Jammerhexe Ojemine 17
11 Kniereiter: Wir fahren mit dem Boot 18

KAPITEL 2: MITMACHEN 19

12 Fingerspiel: Ich und Du 20
13 Mitmachgedicht: Krokodil und Apfelbaum 21
14 Reime: Wetterreime für Sonne, Schnee und Regen 22
15 Klatschspiel für Zwei: Eine kleine graue Maus 23
16 Mitmachgedicht: Das Scherenkrokodil 24
17 Spiellied: Schmetterling, du kleines Ding 25
18 Finger- und Bewegungsspiel: Die Zwerge wollen Blumen pflücken 26
19 Spiellied: Die kleine Hexe 28
20 Tanzspiel: Sonnentanz für dunkle Tage 29
21 Rätselreime: Elefantenstarke Rätselreime für zwischendurch 30
22 Mitmachgedicht: Blätter fallen im Herbst 32
23 Mitmachgedicht: Wir Elefanten 33
24 Körperklanggeschichte: Ein Tag mit Familie Bär 34
25 Körperteile-Rätsel: Kurze Reime zu Augen, Füße & Co 35

Seite

26 Fingerspiel: Die Osterhasen 36
27 Mitmachgedicht: Der Riese Stampf geht zum Tanz 37
28 Mitmachgedicht: Zwerge auf Schatzsuche 38
29 Fingerspiel und Eincremevers: Die kleine Schnecke träumt 39

KAPITEL 3: AUSTOBEN 41

30 Bewegungsstationen: Der Märchenparcours 42
31 Mitmachgeschichte: Obsternte im Dschungel 44
32 Bewegungsstationen: Im Osterhasenland 46
33 Mitmachgeschichte: Wir gehen auf den Spielplatz 48
34 Überkreuz-Bewegungsspiel: Fliege, Storch und Kuckucksuhr 50
35 Mitmachgeschichte: Auf dem Land bei Bauer Friedrich 52
36 Kreisspiel: Wer wird der Hüpfkönig? 54
37 Bewegungsspiel: Schneeweißchen und Rosenrot 55
38 Bewegungs- und Klanggeschichte: Hörst du die Regentropfen? 56
39 Mitmachgeschichte: Hexenfest auf dem Blocksberg 58
40 Mitmachgeschichte: Wir gehen in den Herbstwald! 60
41 Mitmachgeschichte: Der kleine Tannenzapfen ist in Bewegung 62
42 Bewegungsspiele: Luftballontennis und Handtuchball 63
43 Mitmachgeschichte: Abenteuer im Zoo 64
44 Mitmachgeschichte: Die Reise an den Nordpol 66

KAPITEL 4: ENTSPANNEN 65

45 Fantasiegeschichte: Der tanzende Drachen 68
46 Entspannungsgeschichte: Ameise Annika und die Wolkenbilder 69
47 Mitmach-Entspannungsgeschichte: Die Reise der kleinen Seifenblase 70
48 Massagegeschichte: Der kleine Hase Philipp 72
49 Igelball-Massage: Igel Emil unterwegs 73
50 Yoga-Übungen: Zu Besuch im Zoo 74
51 Massagegeschichte: Die Kastanie kullert 76
52 Fantasiegeschichte: Die Reise auf dem Herbstblatt 77
53 Flüsterfingerspiel: Psst, der Löwe schläft! 78
54 Handmassage: Der Wind weht über den Wald 79
55 Klanggeschichte: Unterwegs mit den Wassertropfen 80

Liebe Leserinnen und Leser,

natürlich kennen wir alle den Spruch „Es gibt kein schlechtes Wetter, sondern nur unpassende Kleidung" – aber mal ehrlich, manchmal ist es draußen einfach zu stürmisch und ungemütlich. An diesen Tagen lassen wir die Gummistiefel in der Garderobe und bleiben einfach drinnen!

Doch Kinder sind Bewegungsmenschen und müssen auch an einem Tag im Gruppenraum genug toben, tanzen und hüpfen dürfen. Von früh bis spät stillzusitzen sorgt für Unruhe, Stress und Hektik. Ausreichend Bewegung hingegen macht stark, geschickt und selbstbewusst. Schließlich kann man ja nicht wissen, wie weit man springen kann, wenn man es nie ausprobiert.

Vielen Kindern fällt es außerdem schwer, zur Ruhe zu kommen, sich eine Weile auf etwas zu konzentrieren oder die Muße zu finden, gedankenverloren ein Bild zu malen oder in einem Bilderbuch zu blättern. Dabei sind Ruhe und Entspannung genauso wichtig für die körperliche und geistige Gesundheit der Kinder wie Bewegung. Beides gehört zusammen und will gut ausbalanciert sein, um erst gar keine Unruhe, Rastlosigkeit und Ärger aufkommen zu lassen.

Damit Sie gut für Drinnentage gerüstet sind, haben wir in diesem Buch 55 abwechslungsreiche Spiele zum Munterwerden, Mitmachen, Austoben und Entspannen gesammelt. Vom Morgenkreis bis zur Ruhepause zwischendurch – die Ideen sind an den Tagesablauf in der Kita angelehnt und unkompliziert umsetzbar.

Einfach reinschauen und loslegen – gute Laune garantiert!

Herzlichst, Ihre

Myriam Bork

Redaktion *55 Gute-Laune-Spiele*

Kapitel 1
munterwerden

Guten Morgen!

Begrüßungslied und Morgenritual

Alter: ab 3 Jahren
Dauer: 10 Minuten

Guten Morgen, guten Morgen,
aufgepasst, aufgepasst.
Lass uns zusammen singen.
Lass uns zusammen singen.
La-la-la, la-la-la

Guten Morgen, guten Morgen,
bist du wach? Bist du wach?
Lass uns zusammen spielen,
lass uns zusammen spielen.
Kling, klang, klong. Kling, klang, klong.

Guten Morgen, guten Morgen,
jetzt geht's los. Jetzt geht's los.
Lass uns zusammen hüpfen,
lass uns zusammen hüpfen.
Hoch, hoch, hoch. Hoch, hoch, hoch.

(Melodie: Bruder Jakob)

Idee: Marion Bischoff

Tierkinder im Morgenkreis

Kreisspiel

Alter: ab 3 Jahren
Dauer: 15 Minuten

Die Igel **krabbeln** durch das Gras.
Sie suchen Käfer, fressen was.
Dann krabbeln sie nach Haus ins Laub.
Da gehen sie zu Bett, im Laub da ist es nett
und keiner stört hier ihre Ruh.

Die Hasenkinder **hüpfen** los.
Sie suchen sich die Sonne bloß.
Dann hüpfen sie nach Haus ins Nest.
Da gehen sie zu Bett, im Nest da ist es nett
und keiner stört hier ihre Ruh.

Die Mäusekinder **flitzen** raus.
Sie suchen Käs im ganzen Haus.
Dann flitzen sie zurück ins Loch.
Da gehen sie zu Bett, im Loch, da ist es nett
und keiner stört hier ihre Ruh.

Die Vogelkinder **fliegen** aus,
suchen sich Würmer für zuhaus.
Dann fliegen sie zurück ins Nest.
Da gehen sie zu Bett, im Nest, da ist es nett
und keiner stört hier ihre Ruh.

UND SO GEHT'S:
Die Kinder krabbeln, hüpfen, flitzen durch den Gruppenraum und kehren nach jeder Strophe wieder in den Stuhlkreis zurück. Sie können die Kinder auch in Kleingruppen einteilen. Jede Gruppe stellt ein anderes Tier dar – bei ihrem Stichwort krabbeln, hüpfen oder flitzen die Gruppen los.

Idee: Marion Bischoff

Hurra, ich bin da!

Begrüßungsspiel

Alter: ab 3 Jahren

Dauer: 10 Minuten

Guten Morgen, guten Tag.

Die Kinder sitzen auf ihrem Stuhl und klatschen rhythmisch zum Text.

Hurra, ich bin da!

Meine Freunde sehe ich.

Hände an die Stirn legen, dann wieder rhythmisch klatschen.

Hurra, sie sind da!

Wir winken und umarmen uns.

Aufstehen, sich zuwinken und die anderen umarmen, klatschen.

Hurra, wir sind da!

Wir hüpfen und begrüßen uns.

Alle springen, geben sich die Hand, klatschen.

Hurra, wir sind da!

Idee: Marion Bischoff

Auf meinem Stuhl

Spiellied im Stuhlkreis

Alter: ab 3 Jahren

Dauer: 10 Minuten

Ich stelle mich auf meinen Stuhl und schaue mich mal um.
Da kann ich meine Freunde sehn, die tanzen wild herum.
Sie hüpfen hin, sie hüpfen her, und klatschen lauter mehr und mehr.
Ich stelle mich auf meinen Stuhl und schaue mich mal um.

(Melodie: Es tanzt ein Bi-Ba-Butzemann)

UND SO GEHT'S:

Ein Kind stellt sich auf seinen Stuhl und macht eine schauende Geste. Die anderen Kinder hüpfen, tanzen und klatschen im Kreis herum. Dann ist das nächste Kind dran. Denken Sie sich mit den Kindern weitere Möglichkeiten aus, um das Lied beliebig zu erweitern:

Ich leg mich unter meinen Stuhl, …
Ich lege mich auf meinen Stuhl, …
Ich stell mich hinter meinen Stuhl, …

Idee: Marion Bischoff

Ich bin fit!

Wach-werd-Gymnastik

Alter: ab 3 Jahren

Dauer: 10 Minuten

Alle Kinder stellen sich im Kreis auf. Achten Sie darauf, dass alle genügend Platz haben. Das Spiel kann im Gruppenraum oder im Bewegungsraum durchgeführt werden.

Wir strecken unsere Beine und beugen uns ganz weit nach vorn. Können wir mit den Händen den Boden berühren? Ganz langsam rollen wir unseren Körper wieder nach oben und drücken unseren Rücken durch.

Die Arme strecken wir weit in die Luft. Wir stellen uns auf die Zehenspitzen ziehen unsere Arme so hoch, wie es nur geht.

Dann lassen wir unsere Arme baumeln. Wir schwingen sie vor und zurück. Immer wieder. Schnell und immer schneller. Bis unsere Arme langsamer werden und schließlich ganz ruhig an unserem Körper anliegen.

Wir gehen in die Hocke, springen in die Höhe und bleiben wieder stehen. Wenn wir jetzt unsere Hände in die Seiten stützen und mit unserem Bauch kleine Kreise in die Luft malen, sieht das lustig aus. Immer größer werden unsere Kreise, bis wir aneinanderstoßen.

Danach setzen wir uns auf den Boden und rufen laut „Ich bin fit!“

Idee: Marion Bischoff

Der kleine Igel

Fingerspiel

Alter: ab 3 Jahren
Dauer: 5 Minuten

Was raschelt dort im Blätterhaufen?
Wer mag wohl darin schnaufen, laufen?
Mit den Fingerspitzen über den Boden laufen.

Dippel-dappel, hin und her,
rischel-raschel, kreuz und quer.
Mit den Fingerspitzen auf dem anderen Arm und den Beinen laufen.

Ha! ich seh ein Schnäuzchen blitzen
und auch viele Stachelspitzen.
Die linke Hand zur Faust ballen und den rechten Zeigefinger durchgucken lassen.

Ich glaube, dass ihr es schon wisst,
dass das ein kleiner Igel ist.
Auf die Kinder zeigen und dann an die Stirn tippen.
Die Finger der rechten Hand ausstrecken und bewegen als Igel.

Schon ist er davongelaufen,
denn still ist's jetzt im Blätterhaufen.
Auf ein Ohr zeigen und mit dem Kopf schütteln.

(Text überliefert)

Idee: Britta Bartoldus

Plopp, da fall'n Kastanien runter

Mitmachgedicht

Alter: ab 3 Jahren

Dauer: 10 Minuten

Material: Korb mit Kastanien, Bucheckern, Eicheln und Herbstblättern

Plopp, da fall'n Kastanien runter,
vom Baum herab ganz frisch und munter.
Kinder, die eine Kastanie gewählt haben, gehen in die Hocke.

Zack, da purzeln Bucheckern nach,
die sind auch so früh schon wach.
Kinder mit einer Buchecker gehen in die Hocke.

Klickklack, Eicheln kullern wild umher,
das gefällt den Früchtchen sehr.
Kinder mit Eicheln rollen auf den Boden.

Und schwupp, da segeln Blätter wieder,
trudeln auf den Boden nieder.
Kinder mit Blättern „segeln" auf den Boden.

Ruht euch aus, ihr Früchte, Blätter,
doch nicht zu lang bei diesem Wetter.
Alle Kinder bleiben ruhig liegen.

Ein Windchen kommt und pfeift dazu,
weckt alle auf aus ihrer Ruh.
Die Kinder stehen wieder auf.

Idee: Tina Scherer

UND SO GEHT'S:

Jedes Kind wählt aus dem Korb einen Herbstschatz aus, den es am liebsten mag. Kommt die entsprechende Strophe, machen sie die Bewegungen mit.

Die Eule friert

Fingerspiel

Alter: ab 3 Jahren

Dauer: 5 Minuten

Die Eule Suse auf dem Baum
friert und schnattert, rührt sich kaum.
Einen Unterarm als Baum waagerecht halten,
mit zwei Fingern der anderen Hand darauf stehen.

Huh, der Wind bläst eisig kalt,
die Eule bibbert, zittert bald.
Über die Hand pusten.

Ein warmes Plätzchen hoch im Baum?
Die Eule schafft den Weg ja kaum.
Mit der Eulenhand am Arm hinaufgehen oder -flattern.

Ach, hier oben ist es schön,
möchte nie mehr wieder geh'n.
Auf der Schulter Halt machen.

Der Baum, der lacht und schüttelt sich,
denn er ist furchtbar kitzelig.
Mit einem Finger am Ohr kitzeln.

Idee: Tina Scherer

Alle meine Freunde

Singspiel

Alter: ab 3 Jahren

Dauer: 15 Minuten

Alle meine Freunde
stehen hier bei mir, stehen hier bei mir.
Wenn ich sie an den Händen fasse, tanzen sie mit mir.
Wenn ich sie an den Händen fasse, tanzen sie mit mir.

Alle meine Freunde
sitzen neben mir, sitzen neben mir.
Wenn ich in die Hände klatsche, klatschen sie mit mir.
Wenn ich in die Hände klatsche, klatschen sie mit mir.

Alle meine Freunde
hüpfen neben mir, hüpfen neben mir.
Wenn ich mit den Füßen stampfe, stampfen sie mit mir.
Wenn ich mit den Füßen stampfe, stampfen sie mit mir.

(Melodie: Alle meine Entchen)

Idee: Marion Bischoff

UND SO GEHT'S:
Bei diesem Singspiel wird getanzt, gehüpft und geklatscht! Die Kinder führen die Bewegungen der jeweiligen Strophen aus. Reimen Sie gemeinsam weitere Strophen und gestalten Sie so Ihr ganz eigenes Freunde-Lied!

Die Jammerhexe Ojemine

Mitmachgedicht

Alter: ab 4 Jahren
Dauer: 15 Minuten
Material: Spielfigur oder Fingerpuppe einer Hexe

Kennt ihr die Jammerhexe Ojemine? Oder habt ihr das Gejammer der Jammerhexe vielleicht schon mal gehört? Sie meckert und schimpft immer, ganz besonders übers Wetter. Und weil ja immer irgendein Wetter ist, hört ihr Gejammer auch nie auf!

Morgens nach dem Aufstehen klappt sie die Läden ihres Hexenhäuschens auf, kneift die Augen zusammen und schaut raus: Sie guckt nach rechts, sie guckt nach links. Sie guckt nach oben und nach unten. Ja, und dann geht das Gejammer sofort los:

Wenn es regnet, dann klagt sie:
Ich geh' nicht raus, trink' lieber Tee!
Es ist zu nass – ojemine!

Wenn es Eis oder Schnee gibt, dann hört sich ihr Gejammer so an:
Kälte, Frost und Eis und Schnee!
Es ist so kalt – ojemine!

Wenn die Sonne scheint und heiß vom Himmel brennt, dann meckert sie:
Vom Kopf bis zu dem großen Zeh
brennt Sonnenlicht – ojemine!

Wenn es ein Gewitter gibt, dann schimpft sie:
Wolke, Blitz und Donnerfee!
Wie das kracht – ojemine!

Wenn es draußen neblig ist, dann mault sie:
Nebelschwaden überm See!
Man kann nix seh'n – ojemine!

UND SO GEHT'S:
Spielen Sie mit der Fingerpuppe die Geschichte von der Jammerhexe mit. Die Kinder dürfen am Ende jeder Strophe in ein lautes ***Ojemine*** einstimmen.

Idee: Karin Schäufler

Wir fahren mit dem Boot

Kniereiter

Alter: ab 3 Jahren
Dauer: 5 Minuten

Wir fahren heute mit dem Boot
aufs Meer hinaus im Morgenrot.
Kind auf dem Schoß hinauf- und hinunterschaukeln.

Das Boot, es schaukelt hin und her,
es wackelt immer mehr und mehr.
Wackelbewegungen nach links und rechts machen.

'ne große Welle kommt – oh nein!,
schwappt krachend in das Boot hinein.
Kind auf dem Schoß in die Höhe hüpfen lassen oder dabei etwas hochheben.

Und, Hilfe! Unser Boot kippt um,
dann wär die schöne Seefahrt 'rum …
Kind aus dem Boot purzeln lassen, beispielsweise zur Seite oder zwischen die geöffneten Beine.

Schnell klettern die Matrosen ins Boot hinein,
Kind wieder auf den Schoß nehmen.

schnaufen und rudern, so schnell es geht, heim.
Ruderbewegungen machen.

Idee: Michaela Lambrecht

Kapitel 2
mitmachen

Alter: ab 3 Jahren

Dauer: 10 Minuten

Material: Schminkstift, um sich Gesichter auf die beiden Zeigefinger zu malen

Ich und du

Fingerspiel

Ich bin ich und du bist du,

Beide Zeigefinger in die Höhe strecken, als würden sie miteinander „sprechen".

wir kennen uns und sehn uns zu.

Gegenseitig streicheln.

Wir helfen uns, um viel zu schaffen,

Finger überkreuzen.

und können auch zusammen lachen.

Finger krümmen und Hände wackeln.

Obwohl wir uns auch manchmal streiten,

Finger aufeinander trommeln.

können wir uns so gut leiden.

Mit beiden Händen ein Herz formen.

Dass wir, wenn wir uns wiedersehen,

Eine Hand zur „Ausschau" an die Stirn legen.

uns sofort wieder gut verstehen.

Eine Umarmung andeuten.

Idee: Marion Bischoff

Krokodil und Apfelbaum

Mitmachgedicht

Alter: ab 3 Jahren
Dauer: 10 Minuten

Ein Krokodil, man glaubt es kaum,
Schnappbewegungen mit beiden Armen.

lag unter unserm Apfelbaum.
Arme über dem Kopf zu einem Kreis formen.

Es schnarchte leise und mal laut,
Kopf zur Seite neigen, auf die Hand legen und schnarchen.

der Nachbar übern Zaun schon schaut.
Eine Hand an die Stirn legen.

Da öffnet es die Augen,
Mit beiden Händen eine Brille formen.

wir können es kaum glauben.
Ratlose Geste mit den Armen machen.

Es putzt die Nase, gähnt ganz laut
Imaginär die Nase schnäuzen, gähnen.

und schaut und schaut und schaut und schaut.
Eine Hand an die Stirn legen.

Es grüßt uns freundlich, winkt uns zu:
Verbeugen, winken.

Ich geh jetzt heim und was machst du?
Mit einem Finger zuerst auf sich selbst deuten, dann auf ein anderes Kind.

Idee: Marion Bischoff

Wetterreime für Sonne, Schnee und Regen

Reime

Alter: ab 4 Jahren

Dauer: 5 Minuten

Juchhe, Juchhe,
da fällt der Schnee.
Weiße Flöckchen tanzen herab
bedecken die Erde und das Dach.

Wir tropfen und prasseln,
wir klatschen und rasseln.
Wir machen dich nass
und gießen das Gras.
Bei jedem Gärtner sind wir bekannt.
Regen(tropfen) werden wir genannt.

Der Wind saust wild um unser Haus.
Die Maus schaut aus dem Loch heraus.
Da fegt der Wind ihr Schwänzchen
hin und her bei einem Tänzchen.

Wenn ich vom Himmel herunterschaue
und neue Strahlen für euch baue.
Dann wird euch warm ums Herz geschwind,
denn ich bin Sonne, das lachende Himmelskind.

Idee: Marion Bischoff

Eine kleine graue Maus

Klatschspiel für Zwei

Alter: ab 5 Jahren
Dauer: 10 Minuten

Eine kleine graue Maus,
fährt mit ihrem Auto aus.
Kommt die Mäusepolizei,
lässt das Mäuschen nicht vorbei.
„Nimm vom Lenkrad deine Pfoten!
Autofahr'n ist hier verboten!"
Was macht unsre kleine Maus?
Kehrt schnell um und fährt nach Haus.

UND SO GEHT'S:

Zwei Kinder stehen sich gegenüber und klatschen im Rhythmus:

Eine: 2-mal gleichzeitig mit der rechten Hand auf den linken Schenkel und mit der linken Hand auf den rechten Schenkel klatschen.
kleine graue Maus: Beide Handflächen klatschen 5-mal in die Handflächen des Gegenübers.
fährt mit: 2-mal über Kreuz auf die Schenkel klatschen.
ihrem Auto aus: Beide Handflächen klatschen 5-mal in die Handflächen des Gegenübers.
Kommt die Mäusepolizei: Wechselweise in die eigenen und über Kreuz in die Hände des Partners klatschen.
lässt das Mäuschen: Linken Arm zur Seite ausstrecken, mit rechter Hand 4-mal vor die linke Schulter schlagen.
nicht vorbei: Rechten Arm ausstrecken und mit linker Hand 3-mal vor die rechte Schulter schlagen.
Nimm vom Lenkrad deine Pfoten: Beide Handflächen klatschen 8-mal die Handflächen des Gegenübers.
Autofahr'n ist hier verboten: Wechselweise in die eigenen und über Kreuz in die Hände des Partners klatschen.
Was macht unsre kleine Maus: Über Kreuz 8-mal auf die eigenen Schenkel schlagen.
Kehrt schnell um und fährt nach Haus: Dabei langsam umdrehen, dem Partner den Rücken zukehren und ihm zuletzt einen leichten Schubser mit dem Po geben.

Idee: Monika Binz-Merklinger

Das Scherenkrokodil

Mitmachgedicht

Alter: ab 3 Jahren

Dauer: 15 Minuten

Material: Scheren und Papier

Das ist die Schere, hübsch und fein,
hier passen meine Finger rein.

Demonstrieren Sie, wie Ihre Finger in die Scherenlöcher passen.

Meine Schere schneidet viel,
hat ein Maul, wie's Krokodil.

Schere deutlich auf - und zuklappen.

Ich klapp es auf, ich klapp es zu,
meine Schere schneidet zu.

Klappen Sie die Schere auf und zu, und schneiden Sie einmal in ein Blatt Papier.

Das Scheren-Krokodil, oh Schreck,
schneidet alle Ecken weg!

Zeigen Sie auf eine Ecke.

Eins und zwei und drei und vier,
großen Hunger hat das Tier.

Schneiden Sie beim Zählen die Ecken ab.

Es reißt das Maul auf,
schnipp und schnapp, und beißt sich
noch ein Stückchen ab.

Öffnen Sie die Schere weit und schneiden ein beliebiges Stück ab.

Nie genug kann es ihm sein, jetzt
schnappt es rundherum hinein.

Schneiden Sie kurze Schnitte von außen in alle 4 Seiten des Papiers.

Das Krokodil ist gar nicht dumm,
wild beißt es im Papier herum.

Schneiden Sie kraftvoll mehrere Schnitte in die Mitte des Papiers.

In die Kreuz und die Quer schneidet
meine scharfe Scher'.

Schneiden Sie deutlich erkennbare Diagonalen.

Noch ist das Schneide-Tier ganz munter,
es schneidet rauf und wieder runter.

Schneiden Sie von außen eine Zacke aus dem Papier.

Doch langsam macht das Tierchen
schlapp, es macht noch einmal
schnipp und schnapp,

Schneiden Sie kraftlos zwei Schnitte ins Papier.

dann klappt sein Scheren-Maul sich zu,
und müde legt es sich zur Ruh.

Halten Sie die Schere für die Kinder gut sichtbar nach oben und schließen Sie sie. Legen Sie die Schere auf den Tisch.

Idee: Susanne Thoma

Schmetterling, du kleines Ding

Spiellied

Alter: ab 4 Jahren
Dauer: 10 Minuten

Schmetterling, du kleines Ding,
such dir eine Tänzerin.
Juchheirasa, juchheirasa,
oh, wie lustig tanzt man da.

Lustig, lustig wie der Wind,
wie ein kleines Blumenkind.
Lustig, lustig, wie der Wind,
wie ein kleines Blumenkind.

(Text und Melodie: überliefert)

UND SO GEHT'S:
Die Kinder stellen sich im Kreis auf. Ein Kind steht in der Mitte und stellt den Schmetterling dar. Dazu flattert es mit den Armen und dreht sich im Kreis. Nach dem ersten Satz geht das Kind in der Mitte zu einem anderen Kind und nimmt es mit in den Kreis. Beide Kinder fassen sich an den Händen und tanzen gemeinsam zum Refrain. Die anderen Kinder klatschen im Takt dazu und singen mit. Anschließend geht das Kind, das zuerst den Schmetterling gespielt hat, in den Außenkreis. Das andere Kind ist jetzt der Schmetterling in der Mitte und das Lied wird wiederholt.

Idee: Birgit Schulze

Die Zwerge wollen Blumen pflücken

Finger- und Bewegungsspiel

Alter: ab 3 Jahren
Dauer: 5 Minuten

5 Zwerge wollen Blumen pflücken.
Eine Hand hochheben und fünf Finger spreizen; danach mit beiden Händen eine Zwergenmütze über dem Kopf formen.

Der erste mag sich gar nicht bücken.
Den Rücken etwas nach vorne beugen; dabei mit dem Zeigefinger hin- und herwackeln und den Kopf schütteln.

Der zweite muss ganz heftig niesen – hatschi,
Niesen andeuten.

der dritte will sie lieber gießen.
Mit einer imaginären Gießkanne Blumen gießen.

Der vierte läuft ganz schnell nach Haus,
Ein paar Schritte weglaufen.

der fünfte gräbt die Blumen aus.
Mit einer imaginären Schaufel die Blume ausgraben.

Er pflanzt sie in seinen Garten ein
Auf den Boden knien und so tun, als ob man eine Blume einpflanzt.

und freut sich an den Blümelein.
Klatschend um die imaginäre Blume herumspringen.

Leah Schäfer

DIE 5 ZWERGE ALS EINFACHES FINGERSPIEL

5 Zwerge wollen Blumen pflücken.

Halten Sie Ihre linke Hand hoch und drehen Sie diese hin und her.

Der erste mag sich gar nicht bücken.
Der zweite muss ganz heftig niesen – hatschi,
der dritte will sie lieber gießen.
Der vierte läuft ganz schnell nach Haus,
der fünfte gräbt die Blumen aus.

Deuten Sie nacheinander auf Daumen, Zeige-, Mittel- und Ringfinger und zum Schluss auf den kleinen Finger.

Er pflanzt sie in seinen Garten ein

Halten Sie Ihre linke Hand vor Ihren Körper. Die Handfläche zeigt dabei nach oben. Tippen Sie mit den Fingern der rechten Hand auf die Handfläche.

und freut sich an den Blümelein.

Schauen Sie auf Ihre Handfläche und lächeln Sie dabei.

Die kleine Hexe

Spiellied

Alter: ab 4 Jahren
Dauer: 10 Minuten
Material: Gymnastikstab

Ich bin die kleine Hexe und habe rote Schuhe.
Ich reit auf einem Besen und sing ein Lied dazu.

Hei hopsasa hei hopsasa, hei hopsasasasa
Hei hopsasa hei hopsasa, hei hopsasasasa

(Text und Melodie: überliefert)

UND SO GEHT'S:
Die Kinder sitzen im Kreis. Ein Kind erhält einen Stab und läuft, auf dem Stab reitend, im Innenkreis herum. Die übrigen Kinder singen das Lied, wobei immer die Schuhfarbe des Kindes eingesetzt wird, das im Kreis tanzt. Bei *hei hopsasa* beginnt das Kind in der Mitte zu laufen oder zu springen. Die übrigen Kinder begleiten diesen Teil des Liedes mit Klatschen. Am Ende des Liedes bleibt das tanzende Kind vor einem Kind stehen und übergibt ihm den Stab. Jetzt tauschen sie die Plätze. Das Kind, das nun den Stab hat, darf jetzt in den Innenkreis und seine Schuhfarbe wird besungen.

Idee: Birgit Schulze

Sonnentanz für dunkle Tage

Alter: ab 3 Jahren
Dauer: 15 Minuten
Material: Musik, 2 Chiffontücher für jedes Kind (rot, gelb oder orange)

Tanzspiel

Schritt 1 | SONNENAUFGANG

Die Kinder sitzen im Kreis auf dem Boden mit den Tüchern quer auf dem Schoß. Alle fassen rechts und links die zwei Enden der Tücher und halten diese gut gespannt. Die Kinder heben ihre Arme nun ganz langsam parallel in die Höhe. Wenn die Arme ganz durchgestreckt sind, stehen die Kinder langsam auf.

Schritt 2 | SONNENSTRAHLEN

Die Jungen und Mädchen nehmen in jede Hand das Ende eines Chiffontuchs. Lassen Sie die Kinder die Tücher viermal langsam hoch und runter bewegen. Nach einer 90-Grad-Drehung wiederholen sie die gleichen Tuchbewegungen viermal. Diese Schritte werden so lange wiederholt, bis die Kinder sich wieder in der Ausgangsposition befinden.

Schritt 3 | INDIVIDUELLER SONNENTANZ

Alle Kinder bewegen sich zur Musik mit beliebigen Bewegungen.

Schritt 4 | SONNENKREIS

Die Kinder fassen sich an den Händen und bilden dabei einen Kreis. Die Tücher werden in den Händen weiter festgehalten. Die Gruppe bewegt sich vier Schritte in eine Richtung. Nach den vier Schritten führt jedes Kind Schritt 2 durch. Die Gruppe bildet wieder einen Kreis und wiederholt den Sonnenkreis noch dreimal.

Schritt 5 | SONNENUNTERGANG

Alle Kinder stehen im Kreis. Sie fassen beide Tücher mit den Händen über dem Kopf und setzen sich ganz langsam auf den Boden, sodass die Arme gestreckt bleiben. Sobald die Kinder sitzen, lassen sie die Tücher als Sonne heruntergleiten. Wenn die Tücher im Schoß angekommen sind, werden diese ganz klein zusammengeknüllt und in den Händen versteckt.

Idee: Anna Neef

Elefantenstarke Rätselreime für zwischendurch

Rätselreime

Alter: ab 5 Jahren
Dauer: 10 Minuten

1 Ich bin ein riesengroßes Tier
und hab der Zähne viel.
Ein jeder, der hat Angst vor mir,
ich wohn im fernen Nil.

(Krokodil)

2 Ich leb im heißen Afrika,
bin beige mit braunen Flecken.
Die Spitze vom Baum ist für mich nah,
kann lang den Hals ausstrecken.

(Giraffe)

3 Ich bin ganz grau mit viel Gewicht
und riesengroßen Ohren.
Hab einen Rüssel im Gesicht,
mit dem kann ich gut bohren.

(Elefant)

4 Ich werde König oft genannt,
hab eine wilde Mähne.
Mein gelbliches Fell ist dir bekannt
und meine scharfen Zähne.

(Löwe)

5 Ich springe schnell von Ast zu Ast
und find Bananen toll.
Ich laus mich selbst gern ohne Hast
und tue nie das, was ich soll.

(Affe)

Idee: Diana Hofheinz

6 Ich schleich mich an behänd und leise,
bin schwarz mit großen Tatzen.
Fauch auf ganz besondere Weise,
gehöre zu den Katzen.

(Panther)

7 Ich bin ein großes, schweres Tier
hab kurze, dicke Beine.
Auf der Nas ein Horn wächst mir,
ich leb sehr gern alleine.

(Nashorn)

8 Ich bin ein großes Trampeltier
und hab der Höcker zwei.
Reiten kann man auch auf mir,
das ist 'ne Schaukelei.

(Kamel)

9 Ich seh fast aus wie ein Pferd,
bin schwarz mit weißen Streifen.
Vielleicht ist es auch umgekehrt,
ich werd es nie begreifen.

(Zebra)

10 Ich stehe gern auf einem Bein,
ich find das sehr bequem.
In meinem rosa Federkleid
bin ich schön anzusehn.

(Flamingo)

11 Ich watschle über Eis und Schnee,
denn fliegen kann ich nicht.
Dafür ich nur im Frack ausgeh,
was andres trag' ich nicht.

(Pinguin)

12 Ich hab ein golden-gelbes Fell,
mit vielen schwarzen Streifen.
Mein Bauch ist dafür ganz schön hell,
scharfe Zähne habe ich zum Greifen.

(Tiger)

Blätter fallen im Herbst

Alter: ab 5 Jahren
Dauer: 10 Minuten

Mitmachgedicht

Langsam fällt jetzt Blatt für Blatt
von den vielen Bäumen ab.
Im Versrhythmus die Arme langsam von oben nach unten schwingen, bis die Kinder in der Hocke sitzen.

Jeder Weg ist dicht besät,
und es raschelt wenn man geht.
In der Hocke sitzen und mit den Händen über den Boden streichen.

Und der Wind bläst immer weiter,
gibt heut einfach keine Ruh.
Beide Hände an den Mund legen und kräftig pusten.

Lässt die Blätter aufwärts fliegen,
seht doch einfach dabei zu.
In der Hocke die Arme ausstrecken und mit ausladenden Bewegungen nach oben schwingen, bis die Kinder wieder stehen. Danach eine schauende Geste machen.

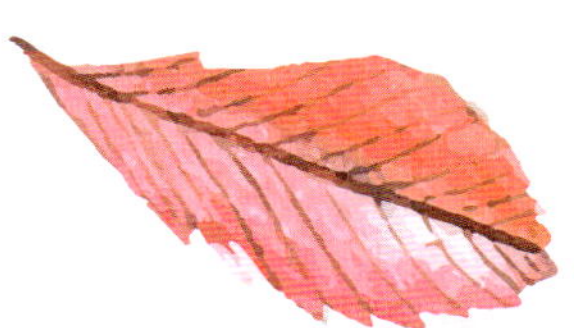

Idee: Silke Baasner

Wir Elefanten

Mitmachgedicht

Alter: ab 3 Jahren

Dauer: 10 Minuten

Wir Elefanten stapfen elegant,
Rüssel hin und Rüssel her – durch das ganze Land.

Die Kinder stampfen durch den Raum.
Mit Händen und Armen bilden sie einen Elefantenrüssel.

Wir Elefanten finden interessant,
wenn wir andre treffen – machen uns bekannt.

Die Elefantenkinder sehen sich neugierig um.
Jedes Kind geht auf ein anderes zu. Sie schütteln sich den Rüssel.

Wir Elefanten kommen angerannt,
tanzen dann gemeinsam – mit dem Rüssel Hand in Hand.

Die Kinder laufen laut stampfend durch den Raum. Mehre Kinder treffen sich, strecken den Arm nach vorne und legen die Hände aufeinander. Dann dreht sich die Elefantengruppe langsam im Kreis und hält sich dabei an den Rüsseln fest.

Idee: Petra Bartoli

Ein Tag mit Familie Bär

Körperklanggeschichte

Alter: ab 4 Jahren
Dauer: 15 Minuten

Es war einmal eine Bärenfamilie: Vater Bär, Mutter Bär und viele Bärenkinder. Sie hatten großen Hunger und brummten laut.
Unterschiedlich tief brummen, dabei mit den Fäusten auf den Brustkorb schlagen.

Auf der Suche nach Futter stapften sie auf großen Bärentatzen durch den Wald.
Mit den Füßen abwechselnd auf den Boden stampfen.

Auf einmal zog ihnen ein wunderbarer Duft durch die Nase. Sie blieben stehen und schnupperten.
Geräuschvoll schnuppern.

Ganz in der Nähe befand sich ein Fischteich, in dem sich Forellen und Karpfen tummelten. Sie schwammen im Wasser hin und her. Und manchmal tauchten sie sogar ein bisschen auf, um gleich darauf wieder ins Wasser zu platschen.
Auf die Schenkel klatschen.

Die Bären hatten die Fische natürlich sofort gerochen. Rasch machen sie sich auf den Weg zu dem Teich.
Geräuschvoll schnuppern und schnell trampeln.

Dort angekommen blieben sie ganz still am Ufer stehen.
Ganz still sein und lauschen.

Alles war ruhig. Der Wind wehte leise durch das hohe Gras.
Die Handflächen aneinander reiben.

Die Bienen summten. Die Vögel zwitscherten.
Summen, zwitschern und pfeifen.

Plötzlich nahmen die Bären Anlauf und sprangen in das Wasser.
Nach vorne springen und anschließend in die Hände klatschen.

Als sie wieder auftauchten, hielt jeder einen zappelnden Fisch zwischen den Zähnen.
Mehrere Male mit einer Hand auf den Handrücken der anderen Hand schlagen.

Langsam stapften die Bären aus dem Wasser heraus.
Mit den Handflächen auf den Boden schlagen.

Am Ufer verspeisten sie genüsslich ihre Fische.
Laut schmatzen.

Satt und zufrieden stapften sie in den Wald zurück.
Mit den Füßen abwechselnd auf den Boden stampfen. Laut schnarchen.

Idee: Birgit Schulze

Kurze Reime zu Augen, Füße & Co

Körperteile-Rätsel

Alter: ab 5 Jahren
Dauer: 10 Minuten

Du kannst sie öffnen und auch schließen,
mit ihnen siehst du zu den Füßen.
Sie sind mal blau, mal grau, mal grün,
sie sind in dem Gesicht zu sehn.

(Augen)

Ich bin dein Motor,
ich schlage in deiner Brust.
Ich werd nicht müde, tu meine Pflicht,
doch sehen kannst du mich nicht.

(Herz)

Wir sind ganz viele auf deinem Kopf,
sind blond, braun, schwarz und rot.
Mal sind wir kurz und mal im Zopf
und brauchen nicht mal Brot.

(Haare)

Auf uns stehst du,
mit uns gehst du.
Mit und ohne Schuh.
Und wenn du abends schlafen gehst,
haben wir auch mal Ruh.

(Füße)

Wir sind die zehn, die du oft nutzt,
wenn du dir deine Zähne putzt.
Und wenn du isst, trinkst oder spielst,
du machst mit uns, was du auch willst.
Wir haben Nägel, sind groß und klein,
wir lassen dich auch nie allein.

(Finger)

Idee: Marion Bischoff

Die Osterhasen

Fingerspiel

Alter: ab 3 Jahren
Dauer: 5 Minuten

Seht ihr auf dem grünen Rasen,
da sitzen heut fünf Osterhasen.

Mit dem Zeigefinger nach vorn zeigen; anschließend eine Hand mit allen Fingern hochhalten.

Der Erste spitzt die langen Ohren,
er ist vor 'ner Woche im Klee geboren.

Erst den Daumen zeigen, dann mit beiden Händen die eigenen Ohren vorsichtig nach oben ziehen.

Der Zweite, der hockt sich hintern Stein
und putzt die langen Barthaare fein.

Zwei Finger zeigen und mit beiden Händen am Mund mit den Fingern Barthaare „malen".

Der Dritte, der knabbert vom grünen Klee
und reckt das Schwänzchen in die Höh'.

Drei Finger zeigen und mit dem Popo wackeln.

Der Vierte schleppt schon die Farbtöpfe her:
„Kommt! Eiermalen ist nicht schwer!"

Vier Finger zeigen und eine Hand zur Faust (Ei) machen; mit der anderen Hand das „Ei anmalen". und dabei den Kopf schütteln.

Der Fünfte, der ruft: „Herbei, herbei!
Wer malt das schönste Osterei?"

Fünf Finger zeigen und ein fragendes Gesicht machen, dabei die Hände auf Schulterhöhe nach außen strecken.

Idee: Britta Bartoldus

Der Riese Stampf geht zum Tanz

Mitmachgedicht

Alter: ab 3 Jahren
Dauer: 10 Minuten

Mit großen Schritten, laut und schwer,
kommt der Riese Stampf daher.

Laut stampfend auf der Stelle gehen – wie der Riese Stampf, dazu ein brummiges Gesicht machen.

Zum Tanz trifft sich der Riese heute
mit einer ganzen Riesenmeute.

Jubeln.

Alle rennen zum Tanz herbei,
so schnell es geht, oh weh, oh weih!

Auf der Stelle rennen.

Sie tanzen gemütlich im Kreise herum,
dazu singen sie fröhlich dideldei, dideldum.

Auf der Stelle tanzen oder sich um sich selbst drehen.

Dann klatschen sie in die Hände so laut,
dass sich kein Tier nach draußen traut.

Laut in die Hände klatschen.

Sie springen, dass die Erde bebt
und Matsch an ihren Füßen klebt.

Auf der Stelle springen.

Die Riesen geben sich die Hand,
denn so ist es Sitte im Riesenland.

Dem nächststehenden Kind die Hand geben und sie kurz schütteln. „Guten Tag" wünschen.

Sie drehen sich um sich selbst im Kreis,
dann werden die Riesen plötzlich leis'.

Sich auf der Stelle einmal um sich selbst drehen, dann den Finger an den Mund legen und „Pssst!" machen.

Riese Stampf schlurft müd' und matt,
weil er jetzt keine Lust mehr hat.

Schlurfen mit hängenden Schultern.

In sein Riesenbett aus Stein,
da legt sich Riese Stampf jetzt rein.

Sich auf den Boden setzen oder hocken.

Der Riese macht die Augen zu,
auch Riesen kommen mal zur Ruh'.

Schlafen nachmachen und schnarchen.

Idee: Tina Scherer

Zwerge auf Schatzsuche

Mitmachgedicht

Alter: ab 4 Jahren
Dauer: 10 Minuten

Fünf Zwerge machen sich auf in den Wald,
die Schatzkiste der Feen: Sie finden sie bald.

Aufstehen und die Arme und Beine ausschütteln.

Ganz sicher sind die Zwerge sich,
sie fürchten sich nur fürchterlich.

Zittern und schlottern.

Sie wandern durch Schluchten und über Steine,
fühlen sich im finsteren Wald alleine.

Auf der Stelle gehen.

Sie springen über Felsen und Äste,
machen aus dem Weg das Beste.

Springen auf der Stelle.

Sie rennen durch Gras, Gestrüpp und durch Pfützen,
verlieren fast ihre Zwergenmützen.

Auf der Stelle rennen.

Sie stapfen durch Moor und hohes Gras,
machen sich dabei die Schuhe nass.

Auf der Stelle die Beine abwechselnd so hoch wie möglich heben.

Sie kriechen hindurch unter Blättern und Zweigen,
die tief sich auf die Erde neigen.

Auf dem Boden kriechen.

Sie rollen hindurch unter Spinnennetzen,
wischen sich ab die klebrigen Fetzen.

Auf dem Boden rollen.

Sie schleichen an hungrigen Wölfen vorbei,
hier heißt es leise und vorsichtig sein.

Das Schleichen nachmachen und dabei ganz leise sein.

Dann sind sie da, vor der Höhle im Berg,
und nun freut sich ein jeder Zwerg.

Abklatschen und sich freuen.

Was in der Kiste ist, wollt ihr fragen?
Das können euch nur die fünf Zwerge sagen.

Idee: Michaela Lambrecht

Die kleine Schnecke träumt

Fingerspiel und Eincremevers

Alter: ab 3 Jahren
Dauer: 10 Minuten

Die kleine Schnecke schläft und träumt,
hat den ganzen Tag versäumt.
Die Hand zur Faust ballen, den Daumen in der Faust verstecken.

Schau, da guckt ihr Köpfchen raus
aus dem kleinen Schneckenhaus.
Den Daumen aus der Faust gucken lassen.

Huh, die Sonne strahlt und sticht,
das gefällt der Schnecke nicht.
Mit der anderen Hand die Sonne darstellen.
Die Finger ausstrecken und damit wackeln.

Schwupps, schon ist sie wieder weg.
Wartet im Haus, die kleine Schneck'.
Daumen wieder in der Faust verstecken.

Ah, da spürt sie Regentropfen
von oben auf ihr Häuschen klopfen.
Mit den ausgestreckten Fingern der anderen Hand auf
die Faust klopfen und trommeln (Regen nachstellen).

Da kommt sie raus, die kleine Schneck',
kriecht herum – und schleicht sich weg.
Den Daumen aus der Hand strecken und so „wegkriechen".

Idee: Tina Scherer

EINCREMEVERS

Schnecke Schnick

Schnick, die kleine Schnecke, kriecht über einen Baum,
ihr ist so heiß, sie schafft es kaum.
Langsam kriecht sie auf dem Ast, ohne Eile, ohne Hast.
Von der Wurzel bis nach oben, von oben wieder runtertoben.

Streicheln und cremen Sie das Bein oder den Arm hinauf.

Dann hoch jetzt auf den nächsten Baum, es ist so heiß,
sie schafft es kaum.
Da kommt ein kühler Regenschauer, die Luft wird kühler
und auch lauer.
Von der Wurzel bis nach oben, von oben wieder runtertoben.

Streicheln und cremen Sie das Bein oder den Arm hinab.

Ach, das war ein schöner Tag, den die Schnecke Schnick gern mag.

Das Bein oder den Arm wechseln und nach Belieben wiederholen.

Kapitel 3
austoben

Der Märchenparcours

Bewegungsstationen

Alter: ab 3 Jahren
Dauer: 60 Minuten
Ort: Bewegungsraum

DIE PRINZESSIN AUF DER ERBSE | Station 1

Material: Weichbodenmatte, 8 verschiedene Bälle

Legen Sie die Weichbodenmatte auf die Bälle. Die Kinder hüpfen oder rollen auf der Weichbodenmatte herum und finden heraus, wo sich überall die „Erbsen“ darunter befinden.

HÄNSEL UND GRETEL | Station 2

Material: 30 Bierdeckel

Legen Sie die Bierdeckel in Form eines Weges auf den Boden. Die Bierdeckel bilden für Hänsel und Gretel den Weg aus dem Wald hinaus. Die Kinder dürfen nur auf den Bierdeckeln gehen und so den Weg nach Hause finden.

SCHNEEWITTCHEN | Station 3

Material: 2 Turnbänke, 2 Turnmatten

Stellen Sie die Turnbänke parallel nebeneinander auf und legen Sie die Turnmatten darüber, sodass ein Tunnel entsteht. Die Kinder kriechen durch den Tunnel … und finden dort vielleicht das Land von Schneewittchen und den sieben Zwergen?

ASCHENPUTTELS KUTSCHE | Station 4

Material: 2 Rollbretter, 2 kleine Kästen

Stellen Sie die Kästen umgedreht auf die Rollbretter. So entsteht im Handumdrehen Aschenputtels Kutsche, in der sich die Kinder zum Ball schieben dürfen.

FROSCHKÖNIG | Station 5

Material: Sprossenwand, Drainagerohr, Seile, Tennisbälle, kleiner Kasten

Befestigen Sie das Drainagerohr mit den Seilen an der Sprossenwand. Stellen Sie den kleinen Kasten umgedreht unter das Rohr.
Die Kinder klettern jetzt einzeln die Sprossenwand hoch und werfen die goldene Kugel (Tennisball) in das Rohr.

FANGSPIEL ZUM AUFWÄRMEN

Ein Kind ist die Hexe und hat die Aufgabe, die anderen Kinder zu fangen. Erklären Sie eine Weichbodenmatte zum Hexenhaus. Die gefangenen Kinder müssen in das Hexenhaus. Wenn mehr als drei Kinder gefangen sind, darf das erste Kind wieder aus dem Hexenhaus raus.
Nach ein paar Minuten wechselt die Hexe!

Idee: Britta Bartoldus

Obsternte im Dschungel

Mitmachgeschichte

Alter: ab 4 Jahren
Dauer: 20 Minuten
Ort: Bewegungsraum
Material: gelbe Tücher, gelbes Papier, 2 Körbe, Sprossenwand

VORBEREITUNG:
Bringen Sie gelbe Tücher oben an der Sprossenwand an. Die Kinder müssen die Tücher leicht von der Sprossenwand lösen können. Verteilen Sie an einer Stelle gelbe Blätter auf dem Boden. Für jedes Kind sollte es ein Tuch und ein Blatt Papier geben. Die Körbe stehen in Reichweite. Dann kann es auch schon losgehen!

Wir haben einen Brief bekommen! Der Brief ist von Olivia. Olivia ist 4 Jahre alt und lebt mit ihren Eltern im Dschungel. Sie hat uns eingeladen, zur Obsternte in den Dschungel zu kommen. Wollen wir Olivias Einladung annehmen und ihr bei der Obsternte helfen?
Dann los! Wir steigen in ein Flugzeug und fliegen zu Olivia in den Dschungel. Das Flugzeug startet und steigt immer höher und höher.
Die Arme ausbreiten und langsam im Kreis gehen, dann mit ausgebreiteten Armen hoch hüpfen.

Wenn wir unsere Flughöhe erreicht haben, fliegen wir immer schneller und schneller.
Mit ausgebreiteten Armen zwei Runden im Bewegungsraum laufen.

Das Flugzeug fliegt erst Rechtskurven und dann Linkskurven.
Beim Laufen nach rechts und links schaukeln.

Nach einem langen Flug nähern wir uns dem Dschungel. Das Flugzeug wird immer langsamer und langsamer und setzt zur Landung an.
Immer langsamer werden und stehen bleiben.

Als wir aus dem Flugzeug aussteigen, werden wir bereits von Olivia und ihrer Familie freundlich empfangen. Wir sind schon ganz gespannt und machen uns gleich auf den Weg in den Dschungel.
Im Dschungel angekommen, müssen wir große Lianen zur Seite schieben.
Mit den Armen Schiebebewegungen machen.

Nach einiger Zeit erreichen wir unser erstes Ziel. Wir schauen gespannt auf viele Bananenbäume. Jeder von uns darf versuchen, auf einen Baum zu klettern und Bananen zu ernten. Alle geernteten Bananen kommen anschließend in einen Korb.
Nacheinander die Sprossenwand hinaufklettern, ein gelbes Tuch holen und in den Korb legen.

Wenn unser Korb voll ist, gehen wir weiter. Wir sehen zwei Elefantenkinder, die miteinander spielen, indem sie sich gegenseitig mit Wasser aus einem kleinen Bach mithilfe ihres Rüssels vollspritzen. Sofort haben wir auch Lust und spielen Elefanten.
Wie Elefanten stampfen und Töröö rufen.

Als Nächstes dürfen wir Ananas ernten. Die Ananas wächst an einer Staude, die ein wenig aussieht wie eine kleine Palme, nur ohne Stamm. Wir bewegen uns zwischen all den vielen Stauden auf dem Boden und suchen Ananasfrüchte, die gelb und reif sind. Jeder von uns pflückt eine Ananas.
Auf dem Bauch durch den Turnraum schlängeln. Jedes Kind sammelt ein gelbes Blatt Papier ein und legt es in einen Korb.

Schon etwas müde gehen wir weiter bis zu unserem nächsten Ziel: die Mangobäume. Die leckeren Früchte wachsen weit oben. Wir müssen uns ganz groß machen und uns lang ausstrecken, um an die Früchte zu gelangen.
Die Arme nach oben strecken und sich groß machen.

Wenn wir genügend Mangos gesammelt haben, machen wir eine kleine Pause und legen uns kurz hin.
Auf den Rücken legen und tief ein- und ausatmen.

Nur noch ein kurzer Weg – und wir erreichen unser letztes Ziel: die Kokosnusspalmen. Auch die Kokosnüsse wachsen sehr weit oben in den Palmen. Durch Hüpfen versuchen wir, sie zu erreichen und zu ernten.
So hoch hüpfen wie man kann.

Jetzt haben wir genügend Obst gesammelt. Es ist Zeit, wieder nach Hause zu fliegen. Unser Flugzeug wartet schon auf uns. Wir verabschieden uns von Olivia und ihrer Familie und steigen in unser Flugzeug. Es war ein schöner Ausflug in den Dschungel.
Langsam im Kreis laufen und winken.

Idee: Michaela Lambrecht

Im Osterhasenland

Bewegungsstationen

Alter: ab 3 Jahren
Dauer: 1 Stunde
Ort: Bewegungsraum

OSTEREIER INS NEST LEGEN | Station 1

Material: Sprossenwand, Turnbank, Körbchen, Turnkasten, Plastik-Ostereier
Hängen Sie eine Turnbank in die Sprossenwand ein. Befestigen Sie oben an der Sprossenwand ein kleines Körbchen. Sichern Sie den Aufbau mit Turnmatten ab. Stellen Sie neben die Bank einen Turnkasten mit Plastik-Ostereiern auf. Die Kinder bringen die Ostereier sicher in das Körbchen, indem sie die Turnbank hinauflaufen.

HASENPARCOURS | Station 2

Material: 10 Gymnastikreifen
Legen Sie die Gymnastikreifen so auf den Boden, dass die Kinder von Reifen zu Reifen hüpfen können.

HASENBAU UNTER DER ERDE | Station 3

Material: Kriechtunnel, Schwungtuch
Legen Sie einen Kriechtunnel aus und legen Sie ein Schwungtuch über den Tunnel. So entsteht ein Hasenbau, durch den die Kinder hindurchkriechen.

EIERTRANSPORT | Station 4

Material: Turnbank, 5 Plastik-Ostereier, 5 Löffel
Stellen Sie eine Turnbank umgekehrt auf. Legen Sie die Plastik-Ostereier und die Löffel dazu. Die Kinder balancieren ganz vorsichtig mit einem Ei auf dem Löffel über die Bank.

MUTIGER HASENSPRUNG | Station 5

Material: großer Turnkasten, kleiner Turnkasten, Weichbodenmatte
Bauen Sie einen großen Turnkasten auf. Legen Sie dahinter eine Weichbodenmatte. Stellen Sie den großen Turnkasten einen kleineren Kasten als Aufstiegshilfe. Wie ein mutiger Hase springen die Kinder vom Turnkasten auf den Weichboden

Idee: Britta Bartoldus

Osterhasenmassage mit Pinsel

Mein Pinsel malt jetzt hin und her,
er malt auch gerne kreuz und quer.
Er malt rauf und wieder runter,
mein Pinsel, der ist munter.

Mit meinem Pinsel mal ich wild,
ein wunderschönes Osterbild.
Der Pinsel braucht jetzt eine Pause,
das Ei, das nehm ich mit nach Hause.

Mit einem Pinsel oder den Händen massieren sich die Kinder gegenseitig: hin und her und kreuz und quer wie es in dem Gedicht beschrieben ist.

Wir gehen auf den Spielplatz

Mitmachgeschichte

Alter: ab 3 Jahren
Dauer: 15 Minuten

Heute ist das Wetter schön, da möchten alle Kinder gern auf den Spielplatz. Zuerst ziehen sie ihre Hausschuhe aus und stellen sie ordentlich nebeneinander.
Hausschuhe ausziehen und nebeneinanderstellen.

Danach muss jedes Kind seine Schuhe anziehen.
Auf den Boden setzen, erst das rechte, dann das linke Bein hochheben und pantomimisch die Schuhe anziehen.

Ist der Fuß auch richtig drin im Schuh?
Aufstehen, erst mit dem rechten, dann mit dem linken Fuß stampfen.

Das Schließen der Schuhe nicht vergessen!
Wieder hinsetzen, erst den rechten, dann den linken Fuß anstellen und Schuhe zubinden.

Jetzt schnell die Jacken anziehen und ab geht es nach draußen!
Pantomimisch Jacken anziehen und auf der Stelle rennen.

Wer ist wohl als Erster bei der Schaukel?
Schneller rennen.

Leider gibt es nur vier Schaukeln, da müssen sich die restlichen Kinder etwas anderes suchen. Vier Kinder schaukeln jetzt.
Oberkörper vor- und zurückbewegen.

Auf der Wippe geht es auf und ab.
In die Knie gehen und aufrichten.

An der Rutsche stehen die Kinder Schlange.
Hintereinander aufstellen, wer dran ist, macht mit den Armen eine Rutschbewegung und stellt sich wieder hinten an.

In der Sandkiste wird ein tiefes Loch gegraben.
Auf einen unsichtbaren Spaten treten und Erde auf einen Berg schaufeln.

Einige Kinder klettern auf das hohe Klettergerüst.
Festhalten und mit den Füßen steigen.

Wer auf einem Schaukeltier sitzt, schwankt hin und her.
Mit den Händen festhalten, nach allen Seiten schwanken.

Einige Kinder werfen einen Ball an die Wand.
Einen Ball werfen, beim Auffangen ein wenig in die Knie gehen.

Die restlichen Kinder spielen Fangen.
Durch den Raum laufen.

Als die ersten Kinder schon ein wenig müde sind, tönt es plötzlich über den ganzen Spielplatz: MITTAGESSEN! Alle Kinder steigen von den Geräten herunter und rennen zum Haus.
Auf der Stelle rennen.

Bevor sie es betreten, putzen sie sich aber noch ordentlich die Schuhe ab.
Auf der Stelle mit den Füßen schlurfen.

Sie ziehen die Schuhe aus, hängen die Jacken auf …
Auf den Boden setzen, Schuhe ausziehen und Jacke aufhängen.

und waschen sich die Hände.
Wasserhahn andrehen, Hände waschen und abtrocknen

Dann setzen sie sich an den Tisch, geben sich die Hände und rufen:
Wir wünschen uns einen guten Appetit!
Hinsetzen, alle reichen sich die Hände.

Idee: Kati Breuer

Fliege, Storch und Kuckucksuhr – Spiele über Kreuz

Überkreuz-Bewegungsspiel

Alter: ab 5 Jahren
Dauer: 5 bis 20 Minuten

LIEGENDE ACHT | Spiel 1

Die Kinder strecken einen Arm aus und zeichnen eine große waagrecht liegende Acht in die Luft. Nach ein paar Runden wechseln die Kinder die Richtung und dann den Arm. Noch schwieriger wird es, wenn die Kinder die Acht mit beiden Armen zeichnen.

DIE FLIEGE | Spiel 2

Die Kinder strecken einen Arm aus, richten den Daumen nach oben und ballen die Faust. In dieser Position zeichnen sie große Achten vor ihrem Körper. Die Augen dürfen der Hand folgen, auch der Kopf darf sich leicht mitbewegen – aber sonst sollen die Kinder so still wie möglich stehen.

Für Feinmotoriker: Die Kinder zeichnen sich mit der Hand eine Brille um die Augen. Die Linien kreuzen sich dabei auf der Nase.

DIE KUCKUCKSUHR | Spiel 3

Im Stehen kreuzen die Kinder ein Bein vor das andere und stellen die Füße direkt nebeneinander. Sie balancieren das Gleichgewicht aus, die Arme hängen locker und der Körper ist nach vorn gebeugt. Mit dem Oberkörper pendeln sie – wie das Pendel einer Kuckucksuhr – nach links und rechts. Nach einigen Pendelschwüngen werden die Beine andersherum gekreuzt.

DIE EULE | Spiel 4

Die Kinder umfassen die rechte Schulter mit der linken Hand und halten sie gut fest. Sie drehen den Kopf nach rechts und schauen über die Schulter nach hinten. Dann drehen sie den Kopf nach links und gucken nun über die linke Schulter nach hinten, wobei sie wie eine Eule „Schuhuhu" rufen. Sie lassen den Kopf langsam nach vorn fallen, atmen durch und heben den Kopf wieder.
Anschließend wechseln sie die Seite.

DER STORCH | Spiel 5

Die Kinder schreiten wie ein Storch, wobei sie die Beine nach oben ziehen und abwechselnd auf die Knie schlagen: mit der rechten Hand aufs linke Knie und umgekehrt. Warten Sie erst ab, bis die Kinder ihren eigenen Rhythmus gefunden haben. Begleiten Sie dann die Bewegungen mit dem Vers: „Der Storch, der läuft im Storchengang, obwohl er auch gut fliegen kann."

DER KNOTEN | Spiel 6

Die Kinder stellen den linken vor den rechten Fuß. Die Knie sind dabei nicht durchgedrückt. Dann strecken sie die Arme nach vorn aus, legen das linke Handgelenk über das rechte, drehen die Handflächen zueinander und verschränken die Finger. Sie drehen die Hände nach unten und weiter nach innen und legen sie auf das Brustbein. Dabei atmen die Kinder tief und entspannt. Nach einigen tiefen und entspannten Atemzügen lösen sie die Finger voneinander und schütteln die Hände aus.

Idee: Monika Binz-Merklinger

Auf dem Land bei Bauer Friedrich

Mitmachgeschichte

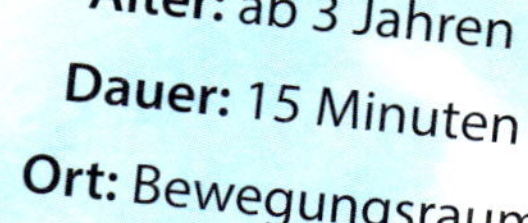

Alter: ab 3 Jahren

Dauer: 15 Minuten

Ort: Bewegungsraum

Material: große Matte, kleine Matten, Bälle in 2 Farben (aus dem Bällebad), Springseile, Reifen, leere Kisten in verschiedenen Größen

VORBEREITUNG:
Legen Sie die große Matte in die Mitte des Bewegungsraumes und für jeweils 6 Kinder eine kleine Matte im Raum verteilt. Legen Sie zwei Reifen an die Seite und halten Sie die Springseile bereit. Die Bälle (pro Kind etwa 3) verteilen Sie überall im Raum. Genauso wie die unterschiedlich großen Kisten. Diese stellen das Heu dar und müssen von den Kindern eingesammelt werden.
Zu Beginn der Geschichte treffen sich alle Kinder auf der großen Matte. Hier ist der Stall und der Treffpunkt für die Mitarbeiter auf dem Bauernhof.

Bauer Friedrich hat so viel zu tun, dass er nicht mehr weiß, wo ihm der Kopf steht. Er braucht dringend eure Hilfe. Habt ihr Lust?
Dann geht schnell zu eurem Traktor!
Sechs Kinder teilen sich eine kleine Matte: vier Kinder sind die „Räder", sie ziehen und schieben die Matte. Zwei Kinder sitzen auf der Matte und lotsen die anderen durch den Raum, sie lenken also.

Zuerst muss das Heu in den Stall, damit es nicht nass wird, wenn es regnet. Fahrt mit eurem Traktor hin, ladet das Heu auf. Aber passt auf, denn von eurem Traktor darf nichts herunterfallen.
Die Lenker dirigieren ihre Räder zu den im Raum verteilten Kisten. Dort angekommen, laden die Lenker das Heu (die Kisten) auf. Die Räder haben Pause.

Jetzt fahrt schnell wieder zurück und bringt eure Heuballen in den trockenen Stall
Die Kinder laden die Kisten auf der großen Matte ab, dann setzen sich wieder alle dorthin.

Ach herrje, die Hühner von Bauer Friedrich haben ein wildes Durcheinander gemacht. Ihre Eier liegen überall auf dem Hof verstreut. Könnt ihr sie einsammeln und in die Eiersammelbehälter legen?
Aber Achtung! Ihr dürft immer nur ein Ei tragen, damit sie nicht aneinanderstoßen. Es darf immer nur eine Eierfarbe in einen Behälter. Also sortiert sie genau, damit Bauer Friedrich nicht schon wieder extra Arbeit hat.
Die Kinder laufen los und sammeln die Bälle ein. Diese sortieren sie dann nach Farben in die einzelnen ausgelegten Ringe.

Ganz verzweifelt sitzt Bauer Friedrich auf seiner Wiese. Er hat noch so viel zu tun. Die Wiese muss gemäht werden. Da brauchen wir den Mähdrescher.
Die Kinder sammeln sich wieder auf den kleinen Matten, wie zuvor beim Traktor und laufen kreuz und quer durch den Raum. Zwischendurch wechseln sie sich ab, sodass alle mal die Lenker und die Räder sind.

Ein kleines Lächeln huscht über Bauer Friedrichs Gesicht. Vielleicht schafft er die viele Arbeit ja doch noch. Doch da fällt ihm ein:
Es muss ja auch noch das Holz geschnitten werden. Also schnappt euch schnell die Sägen. Ihr müsst immer zu zweit sein. Und dann geht es los. Ritsche-ratsche, ritsche-ratsche.
Je zwei Kinder bekommen ein Springseil. Sie stellen sich gegenüber, spannen das Seil und machen Sägebewegungen.

Es ist schon spät. Bauer Friedrich sieht sich um. So viel Arbeit hat er schon geschafft, weil ihr ihm geholfen habt. Das muss gefeiert werden. Also kommt alle in den Stall.
Alle Kinder sitzen auf der großen Matte, prosten sich mit imaginären Gläsern zu.

Aber jetzt sind alle Bauernhofmitarbeiter sehr müde. Sie legen sich hin und schlafen ein.
Alle Kinder legen sich auf die Matte.

Bestimmt könnt ihr wieder einmal vorbeikommen, wenn Bauer Friedrich Hilfe braucht.

Idee: Marion Bischoff

Wer wird der Hüpfkönig?

Kreisspiel

Alter: ab 4 Jahren
Dauer: 10 Minuten

Um den Hüpfkönig oder die Hüpfkönigin zu ermitteln, stellen sich alle Kinder, die mitmachen wollen, in der Kreismitte auf. Auf das Kommando **Los geht die Hüpferei** beginnen alle auf der Stelle zu hüpfen. Dabei gilt es, die eigenen Kräfte gut einzuteilen, denn nur wer am längsten durchhält, ohne zwischendurch stehen zu bleiben, wird am Ende die Krone tragen.

Achten Sie darauf, dass besonders ältere Kinder nicht schummeln und zwischendurch stehen bleiben.
Legen Sie nach einigen Spielrunden die Regeln gemeinsam fest. Gelten leichte Auf- und Abbewegungen bereits als „hüpfen“? Müssen die Füße jedes Mal komplett vom Boden gelöst werden?

Je nachdem, wie sich die Altersstruktur Ihrer Gruppe zusammensetzt, lohnt es sich, die Kinder nach Alter zu sortieren und mehrere Könige und Königinnen zu küren. Oftmals wünschen sich die Kinder auch, zuerst bei den Jungen und dann bei den Mädchen einen Gewinner auszumachen.
Tipp: Basteln Sie mit den Kindern einen Krone, die das jeweilige Gewinnerkind dann tragen darf.

Idee: Marion Bischoff

Schneeweißchen und Rosenrot

Bewegungsspiel

Alter: ab 3 Jahren
Dauer: 10 Minuten
Ort: Bewegungsraum

Eine arme Frau lebte einsam in einem kleinen Haus. Und vor dem Hüttchen war ein Garten, darin standen zwei Rosenbäumchen, davon trug das eine **weiße**, das andere **rote** Rosen.

Sie hatte zwei Kinder, die glichen den beiden Rosenbäumchen, und das eine hieß **Schneeweißchen**, das andere **Rosenrot**.

Die beiden Mädchen sahen sich sehr ähnlich. Man konnte sie aber an den Kleidern gut unterscheiden. **Schneeweißchen** trug ein **weißes** Kleid mit Blumen, **Rosenrot** ein **rotes** Kleid mit Punkten.

Beide waren sehr fleißig: **Schneeweißchen** war nur ruhiger als **Rosenrot**.

Rosenrot sprang lieber in den Wiesen und Feldern umher, suchte Blumen und fing Vögel.

Schneeweißchen aber saß zu Hause bei der Mutter, half ihr in der Küche oder las ihr vor.

Schneeweißchen und **Rosenrot** hatten sich sehr lieb. Sie gingen gern gemeinsam in den Wald. Sie sammelten im Wald **rote** Erdbeeren und **weiße** Pilze.

Sie spielten auch gern im Garten zusammen. Das Lieblingsspiel von **Schneeweißchen** war Verstecken. **Rosenrot** spielte am liebsten Fangen.

Schneeweißchen und **Rosenrot** erlebten viele Abenteuer. Und nach einem langen Tag fielen sie erschöpft in ihre Betten. **Schneeweißchens** Bett hatte gemütliche **weiße** Kissen und eine große Daunendecke. Das Bett von **Rosenrot** hingegen hatte **rotes** Bettzeug. Gute Nacht, **Schneeweißchen** und **Rosenrot**!

Idee: Britta Bartoldus

UND SO GEHT'S:

Beim Stichwort **Schneeweißchen/weiß:** Alle Kinder laufen zur linken Wand des Turnraumes.
Beim Stichwort **Rosenrot/rot:** Alle Kinder laufen zur rechten Wand des Turnraumes.
Anschließend kehren die Kinder sofort zur Mitte des Raumes zurück

Hörst du die Regentropfen?

Bewegungs- und Klanggeschichte

Alter: ab 3 Jahren
Dauer: 25 Minuten
Ort: Bewegungsraum
Material: Trommel, Xylophon, Klangstäbe, Tamburin, Klettergerüst, 2 Bänke

Der Wind rauscht in den Bäumen.
Streichen Sie über das Xylophon.

Und die Äste werden hin- und hergerissen.
Alle Kinder stehen, recken die Arme nach oben und bewegen sich hin und her. Dabei imitieren sie pfeifende Windgeräusche.

Die Äste wackeln, die Blätter fliegen durch die Luft und tanzen im Wind. Nur der Baum steht fest auf der Erde.
Ein Schlag auf der Trommel.

Dicke graue Wolken ziehen auf.
Kurze rhythmische Schläge auf dem Tamburin. Die Kinder trippeln durch den Raum.

Und schon prasselt der erste Regen los. Es sind dicke Tropfen, die da vom Himmel fallen.
Klangstäbe aufeinanderschlagen.

Doch der Wind pustet sie immer weiter und schon verschwinden die dicken Wolken wieder.
Über das Xylophon streichen. Die Kinder laufen durch den Raum.

Die Sonne blinzelt hinter den letzten Wolkenresten hervor.
Ein Schlag auf das Xylophon.

Kannst du sie sehen? Da ist sie!
Hand an die Stirn legen und nach oben schauen, den Finger ausstrecken und auf die Sonne deuten.

Wir spazieren über einen Weg, da hören wir schon wieder den Wind.
Über das Xylophon streichen.

Wir beobachten die Bäume, die sich mit ihren Wurzeln im Boden festhalten, während ihre Blätter durch die Luft tanzen.
Beim Gehen mit den Armen in der Luft herumwedeln.

Ganz klein machen wir uns und legen schützend die Arme über den Kopf.
In die Hocke gehen, die Arme über dem Kopf verschränken.

Und schon beginnt es wieder zu regnen.
Schlagen Sie mit der flachen Hand auf den Boden, erst langsam, dann immer schneller.

Als die Wolken ihre Kraft verlieren, werden die Regentropfen weniger und schließlich tröpfeln nur noch ganz kleine Wasserteilchen herunter.
Trippeln Sie mit den Fingern auf dem Boden.

Ganz langsam heben wir unsere Köpfe und schauen hinauf.
Die Kinder erheben sich.

Da sehen wir den wunderschönen Regenbogen, der am Himmel steht und in den buntesten Farben leuchtet. Wir nehmen uns an den Händen gehen auf ihn zu und nun können wir endlich alle zusammen den Regenbogen besteigen.
Alle fassen sich an den Händen und bilden eine lange Kette, zusammen gehen alle zur Bank.

Vorsichtig wandern wir auf dem schmalen Streifen entlang.
Schlagen Sie leise Töne auf dem Xylophon. Die Kinder balancieren über die Bank.

Am Ende des Regenbogens steht eine Rutsche für uns bereit. Auf ihr sausen wir zurück und landen im weichen Gras.
Die Kinder rutschen die Rutschbahn herunter.

Idee: Marion Bischoff

UND SO GEHT'S:
Begleiten Sie die Bewegungen der Kinder mit den im Text angegebenen Instrumenten. Das macht diese Regengeschichte zu etwas ganz Besonderem. Stellen Sie eine Bank zum Balancieren bereit. Mit der anderen Bank bauen Sie eine Rutschbahn am Klettergerüst.

Hexenfest auf dem Blocksberg

Mitmachgeschichte

Alter: ab 4 Jahren
Dauer: 10 Minuten
Material: Gymnastikstab für jedes Kind

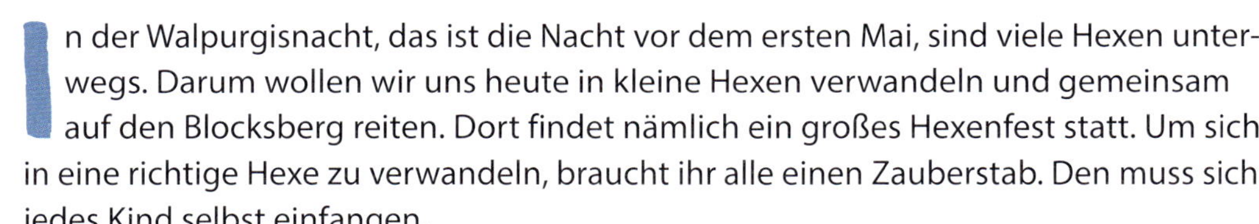

In der Walpurgisnacht, das ist die Nacht vor dem ersten Mai, sind viele Hexen unterwegs. Darum wollen wir uns heute in kleine Hexen verwandeln und gemeinsam auf den Blocksberg reiten. Dort findet nämlich ein großes Hexenfest statt. Um sich in eine richtige Hexe zu verwandeln, braucht ihr alle einen Zauberstab. Den muss sich jedes Kind selbst einfangen.
Stellen Sie sich mit den Stäben in die Kreismitte. Nehmen Sie einen Stab aus der Kiste und rufen Sie den Namen eines Kindes. Danach lassen Sie den Stab los, damit das Kind den Stab rasch auffängt, bevor er den Boden berührt. Damit jüngere Kinder auch ein Erfolgserlebnis haben, halten Sie den Stab einfach etwas länger fest.

Alle Hexen und Hexer setzen sich nun auf den Hexenstab und reiten los.
Die Kinder laufen so lange mit den Stäben durch den Raum, bis sie sich ein wenig ausgetobt haben.

Auf dem Blocksberg sind alle sehr aufgeregt. Die Hexen wollen nämlich gleich allerlei Kunststücke zeigen. Bevor es richtig losgeht, muss noch ein wenig geprobt werden. Jede Hexe sucht sich einen Ort, an dem sie genug Platz hat und probiert aus, was sie mit ihrem Zauberstab machen kann.
Die Jungen und Mädchen verteilen sich im Raum und probieren aus, wie sie sich mit dem Stab bewegen können z. B. über den Stab steigen, rückwärts auf dem Stab reiten, über den Stab springen, den Stab auf der Hand balancieren.

Nun führt jede Hexe ein Kunststück vor und die anderen machen es nach.
Die Kinder dürfen nacheinander den anderen ein Kunststück zeigen, die es anschließend nachahmen.

Jetzt kommt der Höhepunkt des Abends. Die Hexen stellen ihren großen Tierzauber vor. Legt dazu aus euren Zauberstäben einen großen magischen Kreis!
Die Kinder legen mit den Stäben einen großen Kreis auf den Boden. Die Hexen stellen sich außerhalb des Kreises auf. Behalten Sie einen Stab in der Hand.

Ich bin jetzt die Oberhexe und sage gleich einen Zauberspruch, bei dem sich alle Hexen in ein bestimmtes Tier verwandeln. Die Tiere bewegen sich so lange in der Mitte, bis ich drei Mal mit dem Stab auf den Boden klopfe. Dann verwandeln sich

die Tiere wieder in Hexen und kehren an ihren Platz, außerhalb des magischen Kreises, zurück. **Hühnerkopf und Krötenbein, geht einmal in den Kreis hinein, ihr sollt jetzt alle Häschen sein.**
Sprechen Sie den Zauberspruch und begleiten Sie ihn rhythmisch, indem Sie mit dem Stab auf den Boden klopfen. Im Kreis wählt jedes Kind eine eigene Bewegungsform. Bewegen Sie sich mit, wenn die Kinder von sich aus nicht in Bewegung kommen. Das verabredete Zeichen mit dem Stab beendet das Hasenspiel.

Wer hat sich den Spruch gemerkt und möchte nun einmal Oberhexe sein und einen eigenen Tierzauber zeigen?
Jedes Kind, das möchte, darf die anderen Kinder in ein Tier verwandeln.

Nachdem alle ihren Hexenzauber vorgezeigt haben, beginnt der gemütliche Teil des Abends. Wir wollen einen Hexentanz tanzen. Doch vorher trinken wir erst einmal ein Glas Hexenpunsch. Dazu setzen sich alle Hexen im Kreis nieder.
Die Kinder tun so, als ob sie ein oder zwei Gläser Punsch trinken würden. Gehen Sie anschließend mit Ihrem Stab in die Kreismitte. Reiten Sie auf dem Stab. Spielen Sie Musik ab. Am Ende des Liedes bleiben Sie vor einem Kind stehen, das die nächste Hexe spielt. Jetzt darf dieses Kind die tanzende Hexe sein und in den Kreis gehen.

Die Walpurgisnacht neigt sich leider dem Ende zu. Die Hexen lösen den magischen Kreis auf und jede Hexe nimmt sich wieder einen Zauberstab.
Die Kinder heben die Stäbe vom Boden auf.

Da sie eine Menge Hexenpunsch getrunken haben, sind die Hexen ein wenig angetrunken und reiten etwas sonderbar. Manche Hexen reiten in Schlangenlinien, andere schwanken, und wieder andere sausen einfach los.
Die Kinder bewegen sich unterschiedlich durch den Raum.

Die Hexen haben wirklich zu viel Punsch getrunken. Darum beschließen sie, unterwegs in einem Gasthaus zu übernachten. Legt die Hexenbesen so auf den Boden, dass ein großes Haus entsteht.
Gemeinsam legen die Kinder ein großes Haus auf den Boden.

Alle suchen sich einen Platz im Haus. Die Hexen sind bald alle eingeschlafen und schnarchen laut.
Die Kinder kuscheln sich zusammen und machen Schnarchgeräusche.

Das war eine unruhige Nacht. Am nächsten Morgen wollen die Hexen so schnell wie möglich nach Hause. Gleich nimmt sich jede Hexe einen Zauberstab und reitet damit – so schnell sie kann – zurück in den Kindergarten. Dort versteckt sie dann den Zauberstab.
Die Kinder reiten auf den Stäben durch den Raum und räumen sie anschließend weg.

Idee: Birgit Schulze

Wir gehen in den Herbstwald!

Mitmachgeschichte

Alter: ab 3 Jahren
Dauer: 20 Minuten
Ort: Bewegungsraum
Material: 1 Zeitungsblatt für jedes Kind

Heute machen wir einen Ausflug. Dafür ziehen wir unsere Gummistiefel, unsere Jacke und unsere Mütze an.
Die Bewegungen des Anziehens pantomimisch darstellen.

Wir machen uns auf den Weg. Es ist ganz schön weit bis in den Wald.
Durch die Halle gehen oder laufen.

Wir wandern durch den Herbstwald. Es liegen schon ganz viele Blätter auf dem Boden, über die wir springen können.
Die Kinder legen ihre Zeitungen auf den Boden und springen darüber.

Der Wind pustet heute ziemlich stark. Hui, er lässt die Blätter durch die Luft tanzen.
Die Kinder heben die Zeitungsblätter auf und laufen damit so durch die Halle, dass sie hinter ihnen her wehen.

Jetzt fängt es auch noch an zu regnen. Schnell, wir stellen uns unter und halten eine Regenplane über uns!
Die Kinder nehmen ihre Zeitungen und halten sie als Dach über sich.

Doch zum Glück kommt die Sonne langsam wieder raus. Darüber freuen wir uns.
Die Kinder gehen zu zweit zusammen und legen ihre Zeitungen auf den Boden; sie halten sich an den Händen und tanzen um die Zeitungen herum.

Durch den Regen sind auf den Waldwegen ein paar Pfützen entstanden. Wir hüpfen in die Pfützen hinein und aus den Pfützen heraus.
Die Kinder legen die Zeitungen ausgebreitet auf den Boden und hüpfen immer auf die Zeitung und schnell wieder von ihr herunter.

Wir können aber auch versuchen, um die Pfützen herumzulaufen.
Die Kinder laufen zwischen den Zeitungen hindurch und versuchen, keine Zeitung zu berühren.

Gegen Abend wird es ziemlich kalt. Hu, brrrr! Wir treffen uns, um uns gegenseitig zu wärmen.
Die Kinder treffen sich mit ihren Zeitungen und kuscheln sich eng aneinander. Die Zeitungen werden ausgebreitet über die Kinder gelegt.

Jetzt kommen sogar die ersten Schneeflocken vom Himmel.
Die Kinder schauen nach oben.

Es ist so viel Schnee, dass wir eine Schneeballschlacht machen können.
Die Kinder knüllen ihre Zeitungen zu Schneebällen und dürfen sich gegenseitig abwerfen.

Langsam wird es dunkel und wir machen uns auf den Heimweg.
Die Kinder laufen durch die Halle.

Zu Hause angekommen ziehen wir unsere Gummistiefel und Kleidung aus.
Die Bewegungen des Ausziehens pantomimisch darstellen.

Von unserem Ausflug sind wir so müde, dass wir uns ein bisschen ausruhen.
Die Kinder legen sich auf den Boden – nach Wunsch auf Matten – oder in die Kuschelecke und ruhen einige Minuten aus.

Idee: Britta Bartoldus

WETTER-FINGERSPIEL

Die Finger meiner rechten Hand sind mit dem Wetter gut bekannt:
Der Daumen wackelt voller Wonne, mag warmes Wetter und die Sonne!
Der Zeigefinger macht sich krumm und legt sich unter Schneelast um!
Der Mittelfinger rollt sich ein: Er möchte nicht im Regen sein!
Der Ringfinger, er klopft ganz laut, weil ihm vor Hagel gar nicht graut!
Der kleine Finger zuckt und lacht, wenn draußen lauter Donner kracht!

Die Finger meiner linken Hand sind mit dem Wetter gut bekannt:
Der Daumen krümmt sich wie ein Wurm: Er fürchtet Wind und auch den Sturm!
Der Zeigefinger wackelt sehr: Er wünscht sich Eis und Glätte her!
Der Mittelfinger schläft und ruht: Das milde Klima tut ihm gut!
Der Ringfinger, er zappelt keck: Er wünscht sich den grauen Nebel weg!
Der kleine Finger winkt Applaus: Wir machen Schluss und gehn nach Haus!

Der kleine Tannenzapfen ist in Bewegung

Mitmachgeschichte

Alter: ab 3 Jahren

Dauer: 10 Minuten

Es war einmal ein Tannenzapfen, der hing ganz weit oben am Ast einer Tanne.
Sich ganz weit strecken.

Dort oben schaukelte er sehr gerne im Wind – hin und her. Und wenn der Wind einmal etwas stärker blies, dann freute er sich und schaukelte immer wilder.
Mit dem Körper hin- und herschaukeln und immer wilder werden.

Eines Tages, als er dort oben am Ast so vor sich hin schaukelte, kamen ein paar Jäger in den Wald. Die Jäger veranstalteten eine Treibjagd. Sie klapperten mit Stöcken und zogen mit lauten Rufen durch den Wald.
In die Hände klatschen und laut rufen.

Die Rehe und Hirsche, die ganz in der Nähe der Tanne standen bekamen einen riesigen Schreck. So schnell sie konnten liefen sie davon. Gespannt beobachtete der Tannenzapfen, wie die Jäger näher kamen und wie die Tiere davonliefen.
Schauende Geste mit der Hand machen.

Mit einem Mal wurde dem Tannenzapfen ganz schwindlig.
Sich ganz schnell drehen.

Alles drehte sich vor seinen Augen. Er hatte sich so sehr den Kopf verdreht, dass sich der dünne Stiel, mit dem er mit der Tanne verbunden war, löste und schneller und immer schneller stürzte er in die Tiefe. Mit einem lauten Knacks landete er auf dem Waldboden.
Sich auf den Boden setzen.

Doch dort blieb er nicht lange liegen, sondern kullerte mit großer Geschwindigkeit den Abhang hinunter …
Auf dem Boden rollen.

– vorbei an den Jägern und weg von den Rehen und Hirschen, die ihn überhaupt nicht beachteten. Er kullerte und rollte immer weiter, bis hinunter zum reißenden Bach. Mit einem lauten *Platsch* fiel er in den Bach und wurde vom Strom des Wassers mitgezogen …
*Bei **Platsch** in die Hände klatschen.*

Und was passierte dann mit dem Tannenzapfen?
Das offene Ende gibt den Kindern die Möglichkeit, die Geschichte selbst weiterzuerzählen …

Idee: Ute Langhammer

Luftballon-Tennis und Handtuchball

Bewegungsspiele

Alter: ab 3 Jahren

Dauer: je 10 Minuten

Ort: Bewegungsraum

Material: Luftballons, Federballschläger, Schnur, Badehandtücher, Softbälle

HANDTUCHBALL

Je zwei Kinder bilden ein Team. Sie spannen ein Handtuch zwischen sich. Legen Sie den Kindern einen Softball auf das Handtuch. Sie sollen jetzt versuchen, den Ball mit dem Handtuch in die Luft zu schleudern und wieder aufzufangen. Bei wem fliegt der Ball am höchsten?

Als Nächstes stellen sich zwei Teams nebeneinander: Ein Team bekommt den Softball und versucht, den Ball auf dem Handtuch des anderen Teams landen zu lassen. Das ist ganz schön knifflig am Anfang!

LUFTBALLON-TENNIS

Spannen Sie eine Schnur im Bewegungsraum und laden Sie zur Luftballon-Tennis-Meisterschaft ein. Die Kinder schlagen den Luftballon mit den Schlägern von der einen auf die andere Seite. Da ein Luftballon langsamer fliegt als ein Ball, ist das ein schönes Spiel für jüngere Kinder.

Überlegen Sie sich zusammen Regeln, wie zum Beispiel: Es spielen zwei Mannschaften gegeneinander. Die Spieler einer Mannschaft müssen sich den Ball erst zwei Mal zuspielen, bevor er über das Netz gespielt werden darf. Wenn der Luftballon auf den Boden kommt, gibt es einen Punkt.

Abenteuer im Zoo

Mitmachgeschichte

Alter: ab 3 Jahren
Dauer: 20 Minuten
Ort: Bewegungsraum

Die Sonne scheint. Da gehen wir doch gern in den Zoo.
Arme nach oben strecken, Finger spreizen.

Doch bevor es losgeht, packen wir unseren Rucksack und ziehen ihn auf den Rücken.
Mit einer Hand den imaginären Rucksack halten, mit der anderen einpacken.

Jetzt machen wir uns auf den Weg. Jeder nimmt ein anderes Kind an der Hand und wir gehen hintereinander her. Unterwegs kommen wir an einer riesengroßen Wiese vorbei. Da kann man herumtoben.
Alle Kinder laufen durch den Raum.

Doch wir wollen ja weiter. Alle stellen sich wieder hintereinander und wir überqueren die große Straße.
Einmal quer durch den Bewegungsraum gehen, dabei die typischen Bewegungen einer Fahrbahnüberquerung machen.

Da vorne ist der Eingang.
Mit der Hand nach vorn deuten.

Wir bezahlen und bekommen unsere Eintrittskarten.
Mit einer Hand „Geld“ überreichen.

Zuerst gehen wir zu den Löwen.
Eine Löwenmähne andeuten.

Wir sind fast so schnell wie die wilden Tiere aus Afrika. Dann legen wir uns hin und recken unsere Köpfe nach oben – genau wie die Löwen im Zoo.
Jedes Kind läuft so schnell es kann durch den Raum. Dann legen sie sich wie die Löwen hin.

Endlich geht es weiter. Auf den Felsen entdecken wir die Pinguine, die lustig hin und her watscheln.
Arme am Körper anlegen, Hände seitlich wegspreizen und dann im Pinguinschritt weitergehen.

Im Schlangenhaus beobachten wir, wie die Tiere sich ohne Beine fortbewegen. Und dann versuchen wir selbst, wie eine Schlange über den Boden zu huschen.
Auf den Boden legen und schlängelnde Bewegungen nachahmen.

Weiter geht es und wir finden die Kängurus, die mit ihren Kindern im Beutel lustig durch die Gegend springen.
Auf beiden Beinen springen, dabei zeitgleich abspringen.

Aber wir besuchen natürlich auch die Elefanten.
Mit den Händen einen Rüssel andeuten, den Oberkörper nach vorn beugen und mit den Füßen bei jedem Schritt fest aufstampfen, dabei den Oberkörper leicht hin und her schwingen.

Jetzt machen wir eine Pause. Wir legen uns ins Gras und schließen die Augen. Die Sonne wärmt uns.
Aus dem imaginären Rucksack auspacken, hinsetzen.

Doch wir wollen weiter und gehen zu den Zebras, die auf ihrer Weide hin und her laufen.
Kinder laufen hin und her und machen zwischendurch Pferdchensprünge.

Bei den Fischen im Aquarium ist es ganz still. Da versuchen wir, uns genauso leise zu bewegen.
Hände zusammenlegen, nach vorn strecken und den Körper in leichte Schwingung versetzen. Dabei mit den Füßen langsam gehen.

Nicht weit von den Fischen erreichen wir die Flamingos. Lustig sieht das aus, wie sie auf einem Bein stehen und ihren Hals lang ausstrecken.
Auf einem Bein balancieren.

Dann besuchen wir den Streichelzoo. Wir füttern die Ziegen, streicheln die Häschen und beobachten die Meerschweinchen.
Immer zwei Kinder streicheln sich gegenseitig.

Jetzt ist der Tag fast vorbei. Auf dem Nachhauseweg sehen wir noch, wie sich die Tigerkinder ganz eng an ihre Mama kuscheln. So, wie wir es auch gern bei unseren Mamas tun.
Immer mehrere Kinder umschlingen sich mit den Armen.

Das war ein schöner Tag im Zoo. Bald gehen wir wieder hin!

Idee: Marion Bischoff

Die Reise an den Nordpol

Mitmachgeschichte

Alter: ab 3 Jahren
Dauer: 10 Minuten
Material: weiße Chiffontücher für jedes Kind, ein großes Bettlaken, ein Tisch mit einer Decke darüber (Iglu)

Heute machen wir gemeinsam eine Reise zum Nordpol. Wir müssen uns ganz warm anziehen, denn am Nordpol ist es sehr, sehr kalt.
Die Kinder spielen pantomimisch das Anziehen von Stiefeln, Anorak, Mütze, Schal und Handschuhen nach.

Der Nordpol ist sehr weit weg und wir fliegen mit dem Flugzeug dorthin.
Die Kinder breiten die Arme aus und fliegen durch den Raum.

Endlich sind wir angekommen. Es ist sehr viel Schnee am Nordpol. Wir müssen unsere Beine ganz weit anheben, um durch den tiefen Schnee zu stapfen.
Kinder ziehen ihre Beine beim Gehen nach oben.

Wir haben Lust auf eine Schneeballschlacht bekommen. Das macht Spaß!
Die Kinder formen weiße Chiffontücher zu einem Ball und spielen damit eine Schneeballschlacht nach.

Jetzt werden wir von einem Hundeschlitten abgeholt. Der Schlitten zieht uns durch den Schnee.
Die Kinder dürfen sich auf das Bettlaken setzen, Sie ziehen sie durch den Raum.

Wir kommen an einem gefrorenen See vorbei, schnell schlittern wir etwas auf dem Eis entlang.
Die Kinder dürfen Bewegungen wie beim Schlittschuhlaufen machen oder auf Strümpfen in der Halle schlittern.

Jetzt ist es nicht mehr weit bis zu unserem Iglu.
Die Kinder dürfen unter einen Tisch mit einer Decke kriechen.

Schon bald ist es wieder Zeit für unseren Rückflug. Aber was war das? Hilfe, Eisbären! Schnell weg zu unserem Schlitten!
Alle laufen so schnell wie möglich zum Bettlaken und werden noch einmal gezogen.

Puh, das war knapp. Wir fliegen von unserer Reise wieder nach Hause.
Mit Flugbewegungen durch den Raum fliegen.

Das war ein schöner Ausflug!

Idee: Michaela Lambrecht

Kapitel 4
entspannen

Der tanzende Drachen

Fantasiegeschichte

Alter: ab 4 Jahren
Dauer: 30 Minuten
Material: Matten und Kissen

Stell dir vor, du bist ein Drachen. Nicht einer, der Feuer spucken kann. Nein, du bist ein schöner, bunter Herbstdrachen. Dein Stoff, aus dem du gefertigt bist, ist blau, grün, gelb, orange, rot und violett. Alle Farben des Regenbogens. Du liegst auf einer Wiese und schaust in den Himmel hinauf.

Hoch oben schweben weiße Wolken. Da kommt ein leichter Wind auf. Spürst du die Luft auf deiner Drachenhaut? Der Wind wird stärker und rüttelt an deinen Ecken. Er bläst um dich herum. Die Wolken treiben immer schneller über den Himmel. Da fährt der Wind unter dein Kleid. Mit einem sanften Ruck hebt er dich hoch.

Nun fliegst du durch die Luft. Immer höher und höher geht deine Reise. Der Wind bläst dich den Wolken entgegen. Auf deinem Flug siehst du Baumkronen und die Kirchturmspitze. Noch höher geht es hinauf. So hoch, bis du bei den Wolken angelangt bist.

Oh, wie sehr du dich darüber freust, so hoch zu fliegen! Vor Freude machst du einen Purzelbaum. Der Wind hilft dir, dich zu drehen. Spürst du, wie das auf der Haut kitzelt? Du tanzt zwischen den Wolken. Und du wiegst dich hin und her.

Jetzt lässt der Wind langsam nach. Dein Tanz wird ruhiger. Du verabschiedest dich von den Wolken und gleitest wieder Richtung Boden. In leichten Bögen schwebst du nach links und rechts. Langsam kommt der Boden näher. Vorsichtig landest du wieder auf der Wiese im Gras. Ganz weich fühlt sich das an.

Du bist froh, wieder angekommen zu sein. Du fühlst die Grashalme unter dir. Wenn du nach oben schaust, kannst du wieder die Wolken dahingleiten sehen. Der Wind will nun weiterziehen und streichelt dich ein letztes Mal an der Nasenspitze. Wie schön, so ruhig auf dem Boden zu liegen. Fröhlich zwinkerst du den Wolken zu.

Unsere gemeinsame Reise ist jetzt vorbei. Wir kehren alle wieder in den Kindergarten zurück. Dazu bewegst du erst vorsichtig deine Finger und Zehen. Dann streckst du deine Arme und Beine aus. Nun öffnest du vorsichtig deine Augen. Schön war die Reise mit dir!

Idee: Petra Bartoli

Ameise Annika und die Wolkenbilder

Entspannungsgeschichte

Alter: ab 3 Jahren
Dauer: 15 Minuten
Material: Matten und Kissen

Die kleine Ameise Annika spazierte gemütlich über einen großen Grashalm. Plötzlich wackelte der Halm, Annika fiel herunter und landete auf dem Rücken. Zuerst zappelte sie mit ihren Beinen, um sich schnell umdrehen und weiterkrabbeln zu können, doch dann hielt sie inne. Sie blinzelte. Es war kaum zu glauben, was sie da entdeckte.

Weit über ihr – viel höher noch als die Gräser und Bäume waren – entdeckte sie den Himmel. Noch nie hatte sie den Himmel gesehen, weil sie sonst ja immer auf der Erde beschäftigt war. Doch nun sah sie ihn und hielt die Luft an. „Blau. Alles blau", flüsterte Annika.

Es war nicht alles blau, denn dicke weiße Haufen, die wie Watte aussahen, zogen am Blau vorbei. „Das sind die Wolken." Annika wusste gar nicht, wo sie zuerst hinschauen sollte. Schließlich entschied sie sich, ganz ruhig liegen zu bleiben. Sie atmete ein und aus, ein und aus, ein und aus, und ihre Augen folgten den Wolkenriesen am Himmel.

Eine kleine Wolke zog schnell vorbei, gerade so, als sei sie in Eile. Eine dicke Wolke bewegte sich ganz langsam, ein kleiner Fetzen riss von ihr ab, um sich gleich wieder an die Dicke anzuheften.

Annika versuchte, sich die Formen der Wolken zu merken. Ein Elefant. Die kleine Wolke sah aus, als hätte sie einen Rüssel. Der Rüssel wurde lang und länger und dann zerfiel der Elefant in lauter kleine Miniwölkchen. Zum Traurigsein blieb gar keine Zeit. Denn da entdeckte die Ameise schon die nächste Wolke. Ein Herzchen schwebte am Himmel entlang.

Annika wurde immer ruhiger. Die Wolken schickten ihre Wünsche von oben herunter und legten sich dann wieder wie eine Decke über das Himmelblau. Jede Wolke hatte eine eigene Form. Manche Wolken zogen schnell über den Himmel, andere ganz langsam. Es wanderten dicke und dünne Wolkenfiguren vor ihren Augen vorbei. Jede war einzigartig, jede war besonders.

Annika atmete tief durch. Sie spürte ihre Beine, die entspannt auf dem Boden ausgestreckt lagen. Sie fühlte, wie ihr Körper fest auf der Erde lag und wie ihr Bauch sich beim Atmen bewegte.
Ihr Gesicht war weich und locker – fast so, wie die Wolken über ihr. Und so beschloss sie, liegen zu bleiben und sich noch mehr Wolkenfiguren anzuschauen. Welche wohl als Nächste vorbeiziehen würde?

Idee: Marion Bischoff

Die Reise der kleinen Seifenblase

Mitmach-Entspannungsgeschichte

Alter: ab 4 Jahren

Dauer: 30 Minuten

Material: Matten und Kissen

Es war einmal eine Seifenblase. Die entstand durch Seifenwasser und viel Puste. Erst war die Seifenblase ganz klein. Dann wurde sie immer größer und größer.
Die Kinder sitzen in der Hocke auf dem Boden. Mit den Armen umklammern sie ihre Knie. Langsam lösen sie den Griff und stehen auf.

Als sie groß genug war, machte sie sich auf die Reise. Sie fing an, durch die Luft zu schweben. Ganz langsam stieg sie immer höher und höher.
Die Kinder gehen mit leichten Schritten tänzelnd durch den Raum. Dabei strecken sie ihre Arme hoch.

Hoch oben in der Luft sah sich die Seifenblase um. Es gefiel ihr hier oben. Vor Freude schwebte sie ganz langsam hin und her.
Die Kinder schwenken ihre Arme in der Luft hin und her.

Da kam ein leichter Wind auf. Der begleitete die Seifenblase ein Stück. Er blies sie ganz vorsichtig vor sich her.
Die Kinder gehen mit erhobenen Armen einige Schritte nach vorn.

So konnte die Seifenblase ganz lange in eine Richtung schweben. Sie schwankte dabei ein bisschen und flog leise umher.
Die Kinder breiten ihre Arme zur Seite aus und tanzen hin und her.

Der Spazierflug mit dem Wind hatte der Seifenblase große Freude gemacht. Sie war so froh, dass sie vergnügt einmal im Kreis tanzte.
Die Kinder drehen sich mit ausgebreiteten Armen um die eigene Achse.

Der Wind verabschiedete sich von der Seifenblase. Da schwebte sie leicht und unbeschwert einen Moment auf derselben Stelle. Fast unsichtbar winkte sie dem Wind nach.
Die Kinder werden langsamer und bleiben stehen. Sie strecken ihre Arme wieder nach oben und winken ganz leicht hin und her.

Die Seifenblase merkte, dass sie langsam, ganz langsam zu sinken begann. Sie wankte leicht hin und her auf ihrem Weg nach unten.
Die Kinder nehmen ihre Arme nach unten und schaukeln ihren Körper hin und her.

Ganz sanft schaukelte die Seifenblase durch die Luft. Sie spürte den Luftzug an sich. Sie freute sich über die warmen Sonnenstrahlen, die auf ihr leuchteten.
Die Kinder machen sich schaukelnd kleiner. Dabei beschreiben ihre Arme sanfte Kreise neben dem Körper.

Dann kam die Seifenblase ganz langsam auf dem Boden auf. Sie landete weich und sachte.
Die Kinder gehen in die Hocke, knien sich dann auf den Boden.

Einen Augenblick hielt die Seifenblase ganz still. Sie spürte den Boden unter sich.
Die Kinder setzen sich auf den Boden. Sie betasten mit ihren Händen den Boden neben sich.

Dann machte es ganz leise *Plopp* und die Seifenblase war heimlich, still und leise zerplatzt.
Die Kinder legen sich auf den Boden. Wer mag, kann die Augen schließen.

Doch einen Schimmer der Seifenblase konnte man auf dem Boden noch lange sehen. Und die Sonnenstrahlen malten einen Regenbogen auf den Seifenblasen-schimmer.
Die Kinder bleiben ruhig liegen und spüren der „Seifenblase" ein letztes Mal nach.

Idee: Petra Bartoli

Der kleine Hase Philipp

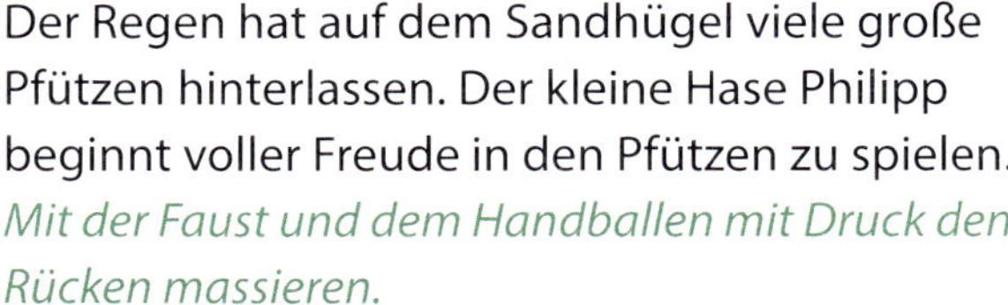

Alter: ab 4 Jahren

Dauer: 20 Minuten

Massagegeschichte

Der kleine Hase Philipp hüpft auf der Wiese.
Sanfter Druck mit den Fingern von oben nach unten entlang der Wirbelsäule.

Die Mutter hüpft fröhlich hinterher.
Jetzt fester drücken.

Der kleine Hase Philipp möchte spielen. Er hüpft und springt, bis er die Mutter gar nicht mehr sehen kann.
Den Rücken von oben nach unten mal leichter, mal fester massieren.

Plötzlich steht der kleine Hase Philipp vor einem großen Sandhaufen. Er steigt auf den großen Sandhaufen und rutscht dann ganz langsam nach unten.
Von unten nach oben mit den Fingern hochkrabbeln; beim Runterrutschen mit den glatten Händen den Rücken entlangfahren.

Dann beginnt es zu regnen.
Mit den Fingerkuppen über den ganzen Rücken klopfen.

Der Regen wird immer stärker.
Fester auf den Rücken klopfen.

Der Regen hat auf dem Sandhügel viele große Pfützen hinterlassen. Der kleine Hase Philipp beginnt voller Freude in den Pfützen zu spielen.
Mit der Faust und dem Handballen mit Druck den Rücken massieren.

Vollkommen verdreckt macht sich der kleine Hase Philipp auf den Heimweg.
Sanfter Druck mit den Fingern von unten nach oben entlang der Wirbelsäule.

Zu Hause stellt Mutter Hase Philipp unter die warme Dusche.
Mit den Fingerspitzen über den Rücken klopfen.

Mutter Hase seift Philipp kräftig ein.
Kreisend mit der flachen Hand an unterschiedlichen Stellen reiben.

An den ganz verdreckten Stellen muss Mutter Hase kräftig schrubben. Dafür nimmt Mutter Hase die Bürste und wäscht den ganzen Dreck von Philipp herunter.
Hände als Bürste, kammartig über den Rücken streichen, mit Druck in den Fingerspitzen, auch leichtes Krabbeln ist möglich.

Zum Schluss rubbelt Mutter Hase den kleinen Hasen Philipp mit einem riesigen Handtuch trocken.
Mit der ganzen Handfläche über den gesamten Rücken streichen, drücken, reiben, richtig warmrubbeln.

Idee: Britta Bartoldus

Igel Emil unterwegs

Igelball-Massage

Alter: ab 4 Jahren
Dauer: 20 Minuten
Material: Igelbälle, Matten und Kissen

Der kleine Igel Emil liegt in seinem Bett und schläft noch ganz tief und fest. Langsam kommt die Sonne durch das Fenster und er fängt an, sich zu recken und zu strecken. Emil geht zum Fenster und guckt, wie das Wetter wird.
Den Igelball vom linken Fuß zur linken Ferse rollen.

Da die Sonne scheint, macht er sich auf den Weg. Er kommt an einen Bach und wäscht sich.
Hoch zur linken Kniebeuge.

Langsam geht er weiter und kommt an einen Hügel. Dort genießt er die Aussicht und guckt nach links und nach rechts hinunter. Die Sonne scheint und wärmt den Igel und die Landschaft.
Über das Gesäß.

Nach einiger Zeit kommt er in einen Wald, durch den kein gerader Weg führt. Emil muss kreuz und quer gehen, durch Büsche krabbeln und über Baumstämme springen.
Hoch zum Rücken und im Zickzack darüber.

Zwischendurch besucht er seinen Freund, den Hasen. Immer noch scheint die Sonne.
In der Rückenmitte auf der Stelle rollen.

Am Ende des Waldes kommt Emil an eine Wegkreuzung und merkt, dass er den ganzen Tag noch nichts gegessen hat. Er vermutet, dass am Ende eines der Wege irgendetwas zu finden sei. Also geht er den einen Weg runter. Es ist leider eine Sackgasse.
Hoch zur Schulter rollen und dann den linken Arm hinunter. Am Handrücken stehen bleiben.

Emil geht wieder zurück, um den nächsten Weg zu nehmen. Am Ende dieses Weges kommt Emil zu einem Restaurant, in dem er Eis mit heißen Himbeeren und einen Orangensaft bestellt.
Den linken Arm wieder hinauf und den rechten Arm hinunter.

Gesättigt macht Emil sich auf den Rückweg und kommt wieder durch den Wald. Auf dem Hügel genießt Emil noch einmal die Aussicht und beobachtet den Sonnenuntergang.
Den rechten Arm wieder hoch, im Zickzack über den Rücken und runter zum Gesäß.

Emil entdeckt zwei Wege und kann sich nicht genau erinnern, welcher Weg zu seiner Höhle führt. Er wählt den rechten Weg. Er kommt wieder zu einem Bach und zu einer Höhle.
Über das rechte Bein zur rechten Kniekehle und zum rechten Fuß.

Emil schnuppert in der Höhle. Den Geruch kennt er aber nicht. Es ist nicht seine Höhle. Also macht er sich wieder auf den Weg zurück. Wieder kommt er zum Bach und zum Hügel.
Über das rechte Bein wieder hoch zum Gesäß.

Dieses Mal wählt Emil den anderen Weg. Er kommt zum Bach und wäscht sich fürs Bett. In der Höhle angekommen, schnuppert er einmal – hier ist er daheim!
Das linke Bein hinunter über die Kniekehle bis linken Fuß.

Idee: Britta Bartoldus

Zu Besuch im Zoo

Yoga-Übungen

Alter: ab 4 Jahren

Dauer: 30 Minuten

Ort: Bewegungsraum

Material: Turnmatte für jedes Kind, bequeme Kleidung, rutschfeste Socken

Heute machen wir einen ganz entspannten Ausflug in den Zoo. Dort treffen wir bestimmt viele Tiere, die wir gemeinsam nachmachen können. Dabei sind wir ganz leise und bewegen uns vorsichtig, um die Tiere nicht zu erschrecken. Als Erstes geht es zu den Affen …

DER LUSTIGE AFFE | Yoga-Übung 1

Im Zoo treffen wir die lustigen Affen und gehen ein Stück mit ihnen mit.

1. Dazu stellen wir uns aufrecht hin.
2. Dann beugen wir uns nach vorn, bis wir mit den Händen den Boden berühren.
3. Nun gehen wir im Affengang: Wir gehen erst mit dem linken Fuß und mit der rechten Hand nach vorn, dann mit dem rechten Fuß und mit der linken Hand.
4. Nach einigen Vorwärtsbewegungen versuchen wir es rückwärts.

Tipp: Die Übung macht den Kindern am meisten Spaß, wenn sie sich als Affen frei im Raum bewegen können. Nach zwei bis drei Minuten sollten sie dann wieder an ihren Platz und zur Ruhe kommen.

DAS VORNEHME KAMEL | Yoga-Übung 2

Habt ihr schon mal ein Kamel gesehen? Ein Kamel bewegt sich ganz langsam und vornehm.

1. Dafür knien wir uns hin und setzen uns auf die Fersen.
2. Unsere Hände berühren die Füße.
3. Wir schieben den Bauch etwas nach vorn.
4. Wir heben den Kopf und schauen nach vorn.
5. Wir atmen ruhig weiter und verharren drei tiefe Atemzüge lang in dieser Position.
6. Danach legen wir uns zur Entspannung kurz auf den Rücken.

Tipp: Wiederholen Sie die Übung ein- bis zweimal.

DER GEFÄHRLICHE TIGER | Yoga-Übung 3

Jetzt müsst ihr gut aufpassen, denn als Nächstes begegnen wir einem Tiger.

1. Dafür knien wir uns hin und stützen uns vorn mit den Händen ab.
2. Wir atmen kräftig aus und beugen dabei den Kopf zur Brust.
3. Gleichzeitig ziehen wir das linke Knie zur Stirn.
4. Dabei bewegen wir uns ganz langsam wie ein Tiger.
5. Beim Einatmen schauen wir wieder nach oben und strecken das Bein so weit wie möglich nach hinten aus.

Tipp: Wiederholen Sie die Übung dreimal mit dem linken Bein und danach dreimal mit dem rechten.

DAS LAUERNDE KROKODIL | Yoga-Übung 4

Und wer lauert da im Wasser? Es ist ein Krokodil!

1. Als Krokodil legen wir uns auf den Rücken und strecken die Arme zu den Seiten.
2. Unsere Handflächen zeigen nach oben.
3. Wir winkeln unsere Beine an.
4. Unsere beiden Füße und unsere beiden Knie berühren sich dabei.
5. Dann schauen wir nach links und führen die Knie gleichzeitig nach rechts auf den Boden.
6. So bleiben wir kurz und führen dann wieder Knie und Kopf in die Mitte.
7. Als Nächstes schauen wir nach rechts und die Knie gehen nach links.

Tipp: Wiederholen Sie die Übung zu beiden Seiten jeweils zwei- bis dreimal.

DER ZUM SPRUNG BEREITE FROSCH | Yoga-Übung 5

Im Zoo entdecken wir auch viele kleine Frösche.

1. Als Frösche hocken wir uns ganz breit hin. Unsere Füße bleiben dabei vollständig auf dem Boden.
2. Wir legen die Handflächen vor der Brust aneinander.
3. Wir drücken mit den Ellbogen gegen die Knie.
4. Jetzt atmen wir tief ein und aus.

Tipp: Nach drei tiefen Atemzügen stehen die Jungen und Mädchen kurz auf und lockern die Beine wieder. Lassen Sie die Kinder diese Übung noch ein- bis zweimal wiederholen.

ABSCHLUSSENTSPANNUNG

Nun legen wir uns alle noch einmal auf den Rücken. Unsere Arme liegen locker neben dem Körper. Unsere Füße fallen locker auseinander. Unsere Augen sind geschlossen. Wir atmen tief in den Bauch.

Wir spüren, wie sich unser Bauch hebt – und senkt – und hebt – und senkt. Legt mal eine Hand auf den Bauch und spürt, wie sich der Bauch hebt – und senkt – und hebt und senkt.

Nun denken wir noch einmal an alle Tiere, die wir bei unserem Ausflug gesehen haben:

den Affen mit seinem lustigen Gang, den Frosch, der immer weghüpfen wollte, das große Kamel mit seinem vornehmen Blick, den gefährlichen Tiger und das Krokodil, das im Wasser lauert.

Wir atmen tief in den Bauch. Die Kraft und die Ruhe, die wir jetzt gewonnen haben, begleiten uns den Rest des Tages.

Idee: Michaela Braun

Die Kastanie kullert über die Wiese

Massagegeschichte mit Kastanie

Alter: ab 3 Jahren
Dauer: 15 Minuten
Material: Kastanien, Matten und Kissen

Die kleine Kastanie hängt noch hoch oben an einem Kastanienbaum.
Die Kastanie zwischen den Schulterblättern leicht auf der Stelle drücken.

Mit einem Mal reißt der Wind sie vom Baum und sie fällt mit einem „plumps!" auf den Boden.
Die Kastanie vorsichtig im Lendenwirbelbereich auf den Rücken plumpsen lassen.

Die kleine Kastanie möchte ein Abenteuer erleben und macht sich auf den Weg.
Die Kastanie im Zick-Zack den Rücken entlanggleiten lassen.

Die kleine Kastanie ist ganz aufgeregt und hüpft vor Freude hin und her.
Die Kastanie vorsichtig auf dem Rücken hüpfen lassen.

Die Kastanie ist an einer Straße angelangt und möchte sie überqueren. Sie schaut nach links und nach rechts.
Die Kastanie wandert auf dem Rücken von links nach rechts und zurück.

Auf der anderen Straßenseite befindet sich eine Wiese. Das gefällt der kleinen Kastanie und sie rollt und kullert über die Wiese.
Die Kastanie rollt quer über den Körper hin und her.

Nach dem Toben ist die kleine Kastanie ganz müde. Sie legt sich ruhig unter einen Baum.
Die Kastanie auf dem Rücken liegen lassen.

Die kleine Kastanie spürt die warme Sonne auf sich herabscheinen.
Die Kastanie an der Stelle leicht reiben.

Es kommt ein kleiner Wind auf. Er wiegt die Kastanie sanft in den Schlaf.
Über den Rücken pusten.

Idee: Britta Bartoldus

Die Reise auf dem Herbstblatt

Fantasiegeschichte

Alter: ab 5 Jahren
Dauer: 30 Minuten
Material: Kissen und Decken

Du liegst auf dem Rücken, die Arme liegen locker neben deinem Körper. Schließe jetzt die Augen. Atme ein und atme aus, noch einmal tief einatmen und jetzt wieder ausatmen. Und noch einmal ganz tief ein- und wieder ausatmen. So ist es gut. Du wirst ganz ruhig.

Stell dir vor, du liegst auf einer Wiese. *(Pause)* Über dir siehst du einen großen Apfelbaum. *(Pause)*
Die Äpfel sind alle schon geerntet und die Äste wiegen sich im Wind hin und her. Ganz langsam hin und her. *(Pause)*

Ein Blatt weht herunter und fliegt direkt zu dir. Es ist so groß, dass du dich darauf legen kannst. *(Pause)* Der Wind wird stärker und trägt dich auf deinem Blatt davon. Du fliegst hoch in die Luft. Auf dem Blatt bist du sicher. Du kannst nicht herunterfallen. *(Pause)*

Du fliegst immer höher auf deinem Blatt. Es ist wunderschön hier oben. *(Pause)* Du fühlst dich wohl und siehst, wie alles auf der Erde immer kleiner wird.

Die Menschen *(Pause)*, die Häuser *(Pause)*, die Straßen *(Pause)* und die Autos. *(Pause)*
Alles sieht von hier oben wie kleine Punkte und Striche aus. Ein Vogel fliegt vorbei. Siehst du ihn? Wie sieht er aus? Ist er groß oder klein? Welche Farbe hat sein Gefieder? *(Pause)*

Der Vogel fliegt davon. Du schwebst auf deinem Blatt weiter. Der Wind wird schwächer und langsam näherst du dich wieder der Erde. Du bist ganz ruhig, denn auf dem Blatt bist du sicher. Du schaust nach unten. Auf der Wiese stehen Menschen, die schon auf dich warten. Erkennst du sie? *(Pause)*

Langsam schwebt dein Blatt herunter und du landest wieder auf der Wiese. *(Pause)*
Ganz langsam kommst du mit deinen Gedanken wieder zurück zu uns. Du ballst deine Hände zu Fäusten und öffnest sie wieder. Strecke dich ganz lang – deine Arme, deine Beine und deinen ganzen Körper. Öffne langsam deine Augen. Jetzt bist du wieder ganz bei uns.

Idee: Leah Schäfer

Psst, der Löwe schläft!

Flüsterfingerspiel

Alter: ab 3 Jahren
Dauer: 5 Minuten

Psst, ganz leise, seid ganz still,
weil der Löwe schlafen will.

Den Finger auf die Lippen legen und „Psst!" machen.

Ein zweiter Löwe schlummert auch,
liegt auf seinem Löwenbauch.

Beide Hände zu einem Maul formen und auf den Tisch oder die Oberschenkel legen.

Da, ein Lärm, die Löwen gähnen,
schütteln ihre Löwenmähnen.

Die beiden Hände öffnen und schütteln.

Brüllen laut „Roarrrr!" und „Zisch!",
fauchen laut und fürchterlich.

Die Hände hoch halten, nach Wunsch dazu fauchen.

Liebe Löwen, haltet Ruh,
macht nur schnell die Augen zu.

Die Hände wieder ablegen und zum Maul schließen, Schnarchgeräusche machen.

Idee: Tina Scherer

Der Wind weht über den Wald

Alter: ab 4 Jahren

Dauer: 10 Minuten

Handmassage

Der Wind, der Wind weht über den Wald,
von jeder Richtung, es wird ganz kalt.

Mit der einen Hand über den Handrücken der anderen streichen, mehrmals mit jeder Hand wiederholen.

Die Wichtel reiben die Hände im Wind,
vor und zurück, geschwind, geschwind.

Die Handflächen gegeneinander reiben, mehrmals wiederholen.

Die Bäume wiegen die Äste im Wind,
verschränken die Zweige geschwind, geschwind.

Die Finger verschränken und dabei die Handflächen und Finger gegeneinander reiben wie beim Händewaschen.

Dann fegt er davon, der kalte Wind,
und schon ist er weg, geschwind, geschwind.

Über die Hände pusten.

Tipp: Für die Handmassage können die Kinder Handcreme oder einige Tropfen Massage-Öl auf den Händen verteilen. Ein beruhigendes Massage-Öl ist auch ganz leicht selbstgemacht:

- ✓ 6 Tropfen Lavendel
- ✓ 8 Tropfen Mandarine
- ✓ 3 Tropfen Zitronenmelisse
- ✓ 3 Tropfen Bergamotte
- ✓ als Basis-Öl: Jojoba-, Avocado-, Mandel-, Sesam- oder Olivenöl. Alles zusammen in eine dunkle Glasflasche geben und im Kühlschrank aufbewahren.

Idee: Heike König

Unterwegs mit den Wassertropfen

Klanggeschichte

Alter: ab 4 Jahren

Dauer: 20 Minuten

Material: Glockenspiel, Xylophon, 2 Paar Klangstäbe, 2 Triangeln, Handtrommel

Die zwei kleinen Wassertropfen mit den Namen Plitsch und Platsch …
Bei Plitsch einmal auf das Glockenspiel schlagen, bei Platsch einmal auf das Xylophon.

… waren ganz aufgeregt.
Beide Instrumente werden schnell gespielt.

Endlich waren sie groß genug, um ihre erste Reise zur Erde zu unternehmen.
Die Klangstäbe anschlagen.

Hurra! Ganz vorsichtig sprangen sie von ihrer Wolke herab und flogen durch die Lüfte.
Die Triangeln anschlagen.

Sie wurden immer schneller und schneller und es war wunderschön.
Die Triangeln schneller anschlagen.

Schon bald war es Zeit zum Landen.
Ein Schlag auf der Handtrommel.

Plitsch suchte sich eine wunderschöne, rote Rose aus, auf der er landete.
Ein Schlag auf dem Glockenspiel anspielen.

Die Rose freute sich sehr über den kleinen Besucher. Platsch besuchte ganz viele andere Regentropfen in einer Pfütze.
Einmal das Xylophon anspielen.

Langsam kam die Sonne hinter den Wolken hervor. Nach einer Weile wurde es den beiden Regentropfen ganz warm und sie verdunsteten. So gelangten sie wieder zurück auf ihre Wolke und freuten sich sehr ihre Eltern wiederzusehen.
Mit dem Schlägel jeweils auf dem Glockenspiel und dem Xylofon hin- und herfahren.

Eine tolle Reise!
Alle Kinder dürfen klatschen.

Idee: Michaela Lambrecht